Flavia Kate Peters

Die Kraft der Feen

Naturgeister rufen und mit ihnen arbeiten

übersetzt von Johanna Ellsworth

93055 Regensburg
E-Mail: mail@reichel-verlag.de
www.reichel-verlag.de

Cover-Gestaltung: Christian Wolf – www.artworkersdesign.de

ISBN 978-3-946959-96-0

Inhalt

VORWORT 7

EINLEITUNG 8

KAPITEL 1 WERDEN SIE OFFEN FÜR DIE MAGIE 12

Übung: Öffnen Sie den Feen Ihr Herz 16

Übung: Das Gleichgewicht des Mabon 30

KAPITEL 2 DIE FEENVERBINDUNG 37

Übung: Sich erden 37

Übung: Zeremonie für Schutz, Erdung und Gleichgewicht 39

Übung: Sich etwas vorstellen 49

Übung: Bitten Sie die Feen um Hilfe 50

Übung: Meditation zum Widerbeleben des inneren Feenmystikers 51

KAPITEL 3 DIE FEEN DER ERDE 56

Übung: Der Ruf der Blumenfee 63

Übung: Rückhol-Zauber 68

Übung: Wohlstandszauber 69

Übung: Meditation: Feenkönigin der Träume 71

Übung: Die Unterstützung der Gnome 75

KAPITEL 4 FEEN DER LUFT 78

Übung: Sylphen sehen 80

Übung: Der Weg der Winde 82

Übung: Luftzauber 83

Übung: Der Federwunsch 86

Übung: Meditation der Frühlingssylphen 87

Zusammenarbeit mit den Feen der Luft 89

Übung: Hilfe für die Sylphen 90

KAPITEL 5 DIE FEEN DES FEUERS 93

Übung: Salamanderzeremonie zum Loslassen von Ängsten 98

Übung: Mit Flammen wahrsagen 101

Übung: Drachenzauber 105

Übung: Sommerkraftmeditation 106

Übung: Unterstützung der Salamander 110

KAPITEL 6 WASSERFEEN 112
Übung: Sich mit den Energien der Meerjungfrauen verbinden 117
Übung: Spiegelzauber – Ruf der Meerjungfrauen 119
Übung: Die Manifestierung der Spiegelmagie 120
Übung: Liebeszauber der Meerjungfrau 121
Übung: Badritual 122
Übung: Meditation Herbstzauber 123
Übung: Unterstützung der Nixen 127

KAPITEL 7 WOHNORTE DER FEEN 129
Übung: Torzauber 131
Übung: Wie man einen Feenkreis baut 132
Übung: Feenkreisen 135
Übung: Steinkreismeditation mitten im Winter 139

KAPITEL 8 FEENGLAMOUR 146
Übung: Eine Schönheitsmeditation 153
Übung: Liebeszauber der Feen 155
Übung: Rufen Sie Ihre Feenpatin 160

KAPITEL 9 DIE MAGIE DES FEENMONDS 164
Übung: Vollmond Wunscherfüllungszauber 166
Übung: Meditation Feenmondmagie 173

KAPITEL 10 HEILUNG DURCH FEEN 178
Übung: Meditation der Feenheilung 180
Übung: Mit Kristallen reisen 186
Übung: Meditation mit Kristallen 188
Übung: Heilung mit Muscheln 190
Übung: Wie man eine Feenessenz herstellt 191

SCHLUSSBEMERKUNG 194
ÜBER DIE AUTORIN 200

Vorwort

Von klein auf konnte ich das Leben in der Luft um mich herum spüren. Auch wenn ich in meiner Kindheit viele Tage draußen in der Natur verbrachte und viel über die Wildtiere auf dem schottischen Land lernte, hatte ich immer das deutliche Gefühl, dass es noch etwas anderes gab, was über meine fünf Sinne hinausging.

In diesem Buch lässt Flavia Kate Peters die Magie meiner Kindheitswunder lebendig werden und überzeugt mich, dass es trotz der Schwere, unter der unsere menschliche Welt derzeit leidet, dennoch einen Zauber gibt. Es ist der Zauber der Lichtwelt, die neben unserer Welt existiert. Einer Welt, die schon immer da war und die wieder erwacht, wenn wir sie am dringendsten brauchen. Dieser Zeitpunkt ist jetzt gekommen.

Die Kraft der Feen lässt den Geist zwischen zwei Welten reisen und erinnert uns daran, dass das Leben noch viel mehr ist als das, was wir auf Anhieb erkennen können. Genau das dokumentiert Flavia Kate Peters in ihrem bezaubernden Werk. Ich rate jedem, der dieses Buch liest, in seiner Seele zu forschen, um sein magisches Selbst zu neuem Leben zu erwecken, es zum Vorschein kommen und spielen zu lassen. Wenn wir unseren festen Griff auf Logik und ernste Gedanken lockern, kann unser inneres Kind lebendig werden.

Gordon Smith[1]

---

[1] Gordon Smith, Medium und Autor von „*Wenn Tiere lieben – Die erstaunliche Intuition unserer Tiergefährten*“, „*Medium sein – Der Intensivkurs*“ und „*Das Medium in Dir und wie du es erweckst*“, Reichel Verlag

Einleitung

Während ich den verzauberten Ring betrete,
ist mein Herz offen und bereit,
Lieder des Waldes,
Worte der Feen zu singen,
der Feen, die mich hineinführen
und mir den Weg zeigen.
Ich besuche sie noch an diesem Abend,
dessen Mystik und Geheimnis miteinander verwoben sind.
Möge die Zauberkraft dieser Nacht gewährt sein,
während ich meine neuen Gaben teile,
denn so ist es recht.
Ich strecke den Verzauberten die Arme entgegen,
um sie zu ehren, und danke ihnen,
nun ist es getan.

Viele von Ihnen, die dieses Buch lesen, haben wahrscheinlich eine Schwäche für Feen. Möglicherweise fühlen Sie sich seit der Kindheit von ihrem Zauber angezogen. Tief in Ihrem Inneren wünschen Sie sich vielleicht, zu den früheren Methoden, den alten Zeiten zurückzukehren, in denen Magie allgegenwärtig war, in denen die menschliche Welt und die Welt der Feen einander respektierten und harmonisch zusammenarbeiteten, um das natürliche Gleichgewicht aller Dinge aufrechtzuerhalten.

Die Zeit ist gekommen, diesem Ruf nachzugeben. Denn in der Welt der Feen herrscht höchste Alarmstufe. Es ist an der Zeit, aufzuwachen und sich bewusst zu machen, dass unsere Welt aus dem Gleichgewicht geraten ist. Außerdem teilen wir sie noch mit einem anderen Reich.

Vielleicht spüren Sie jetzt, wie Ihre eigene Mystik erwacht. Fetzen uralter Erinnerungen könnten an die Oberfläche steigen – vom Baden in nachtblauen Teichen im Mondlicht, vom Streifen durch die Wälder, von warmen Sonnenstrahlen, die von saftig grünen Blättern gefiltert werden und dem Tanzen durch goldene Kornfelder zur Feier der Ernte. Für die Feen ist es erst gestern, seit sie mit Ihnen gespielt haben. Sie vermissen Sie und den Zauber, der Sie umgibt, wenn Sie dem Freigeist, der Sie von Natur aus sind, freien Lauf lassen. Es ist an der Zeit, die heilige Rolle des Kundschafters der Feen zu übernehmen und das Gleichgewicht wiederherzustellen. Ein Kundschafter der Feen ist einer, der das Flüstern der geistigen Welt im Wind hören kann, der den Regen willkommen heißt, in der Hitze der Sonne badet und sich mit der Nahrung der Erde unter seinen Fußsohlen verbindet. Er freut sich auf jede Jahreszeit, jubelt über jede neue Knospe beim Frühlingserwachen, die üppige Ernte des Sommers, das fallende Laub des Herbstes und das tiefe dunkle Mysterium der Wintermonate.

Allein die Vorstellung von Magie lässt das Herz eines Kundschafters der Feen singen. Kundschafters haben eine Schwäche für Heilung auf natürlichem Weg und glauben an eine andere Welt der mystischen Wesen. Das ist die Welt der Feen – eine leuchtende Welt in unserer eigenen Welt, eine Welt der Steingeister, Kristallgeister, der Wächter der Seen, Flüsse und Meere, der Wald- und Wiesengeister, der Geister der Berge und sogar der Städte, die alle die Natur durch die Wirkung von Wundern und Magie unterstützen. Viele von uns wuchsen mit Märchen und Fantasiegeschichten auf. Glitzernder Feenstaub, Zauberstäbe, Giftpilz-Feenringe und die heißgeliebte Zahnfee sind uns nicht fremd. Feen sind jedoch weit entfernt von den schillernden

Gestalten in den Gutnachtgeschichten. Diese mystischen Kreaturen sind weder Fantasie noch Fiktion – es sind ganz reale Wesen der Natur. Feen finden sich in Wasserfällen, Flüssen, Wiesen, Gärten und Wäldern. Sie leben in jeder Blüte, jedem Blatt und jedem Grashalm, in allen Felsen und Steinen. Sie warten in Höhlen und Hügeln, am Himmel und in den Meeren auf Sie. Werden Sie sie wahrnehmen und einen Schritt zur Seite machen, um Teil ihrer Magie zu werden? Aber wohin führt diese geheimnisvolle Reise, fragen Sie sich jetzt vielleicht. Der Weg ist ungewiss, und unterwegs könnte es Fallstricke und Verluste geben, doch seien Sie versichert: Wohin auch immer das Reich der Feen Sie hinführt, es wird immer zu Ihrem höchsten Wohl sein.

Die Erde braucht unsere Hilfe, und die Feen rufen uns auf, die Traditionen unserer Vorfahren, die mit diesen ganz realen Naturgeistern zusammenarbeiteten, zu achten. Die Welt hat sich verändert und scheint sich heute durch die ultratechnischen Geräte, Transportmittel und Ähnliches viel schneller zu drehen. Doch wenn Sie das Reich der Feen in Ihrem Leben willkommen heißen, bedeutet das nicht, all Ihr heutiges Wissen aufgeben zu müssen. Im Gegenzug werden die Feen Ihnen Hilfe anbieten, damit Sie in dieser ultramodernen Welt heilen, kreativ werden und aufblühen können.

Wenn Sie erkennen, dass Feen die Wesen sind, die mit den Elementen zusammenarbeiten, welche jeden einzelnen von uns beherrschen, dass sie die Magie hinter allem Lebendigen auf diesem wundervollen Planeten sind, dann befinden Sie sich wieder im Einklang mit der natürlichen Welt. Dann werden Ihre eigenen Manifestierungsfähigkeiten und Heilkräfte entfacht, und dann können Sie ganz neue Lebenserfahrungen machen und den Zauber, der uns umgibt, freudig annehmen. Und so kommt die Welt wieder ins Gleichgewicht.

Echte Mystiker stehen mit einem Fuß in beiden Welten, denn sie kennen die Realität beider. Es ist Zeit, die eine Welt, die zu lange im Verborgenen lag, wieder der anderen Welt vorzustellen, die ohne ihr magisches Gegenstück ganz offensichtlich ihren Glanz verloren hat.

Doch es gibt Hoffnung, denn der Zauber, nach dem sich Ihre Seele sehnt, wird nun offenbart…

Erfreuen Sie sich an dem Wunder darüber, wer Sie sind, und betreten Sie einen Feenkreis, suchen Sie nach Kobolden, schwimmen Sie mit den Meeresleuten und umarmen Sie einen Baum. Überall und in allem steckt Magie. Sie müssen sie nur entdecken!

Genießen Sie jeden kostbaren Augenblick. Wenn Sie auf dem Feenpfad gehen und mit den Geheimnissen der Natur zusammenarbeiten, werden Sie feststellen, dass das Ergebnis befriedigender sein wird als Sie sich je hätten vorstellen können. Und auf dem Weg werden Sie garantiert viel Spaß haben und eine große Portion Magie erleben!

Kapitel 1
Werden Sie offen für die Magie

Können Sie sich noch daran erinnern, als die Welt verzaubert schien? Es gibt ein verzaubertes Reich in meiner Fantasie, ein Königreich der Wunder und der Magie. Wenn ich die Augen schließe und bis drei zähle, warten die Feen und Kobolde schon auf mich.

Können Sie sich noch daran erinnern, als die Welt verzaubert schien? Als Sie durch einen Zauberwald hüpften, sich verkleideten und sich Geschichten ausmalten? Womöglich ist dieses herrliche Gefühl mit den Verantwortungen und Herausforderungen des Lebens verschwunden. Vielleicht ist die Begeisterung abgeflacht und Ihre Sinne werden von einem Schleier des Zynismus verdeckt.

Die Feen fordern Sie auf, wieder zu erwachen und in die Magie einzutauchen, die um Sie herum besteht. Es ist an der Zeit, wieder mit den staunenden und verzückten Augen eines Kindes zu sehen. Wenn Ihre spirituelle Sicht für die Andeutung einer magischen Berührung offen wird, werden Sie eine verborgene, längst vergessene Welt wiederentdecken. Es ist Zeit, Ihre Verbindung wiederherzustellen und in das Mysterium einzutauchen, das Sie ruft. Nehmen Sie Ihre Träume in die Hand und greifen Sie nach den Sternen, während Sie in eine neue magische Energie gehüllt werden. Die Welt der Feen wartet nur darauf, Ihnen dabei zu helfen.

Vor langer, langer Zeit
Vor langer, langer Zeit
hast du verzückt gesungen
bist gehüpft und gesprungen.
Dieser Zauberblick ging verloren – so tragisch.
Jetzt macht ein Zauberspruch deine Welt wieder magisch!

Meine erste Begegnung mit einer Fee fand statt, als ich gerade mal zwei Jahre alt war. Ich spähte durch den dicken, hohlen Stamm einer alten Eiche nach oben und sah ein winziges Licht in der Dunkelheit umher schweben. Es war zwar klein, aber heller als jedes andere Licht, das ich je gesehen habe. Ich war wie gebannt und wusste instinktiv, dass das eine Fee war. Von diesem Augenblick an machte ich es mir zur Mission, nach Feen Ausschau zu halten! Und das tat ich in meiner gesamten Kindheit.

Ich wuchs in Berkshire, England, auf dem Land auf. Unsere Familie wohnte am Rand eines riesigen Waldes. Als kleines Kind wachte ich immer früh auf und schlich mich in den Wald, um unter den Bäumen zu sitzen, an die kleinen Feentüren in den Baumstämmen zu klopfen und Essensgaben für die »kleinen Leute« hinzustellen. Meine idyllische Kindheit bestand aus Träumen, Meditieren und sogar Sichtungen der »Feenleute«. Mit den Jahren baute ich eine wundersame Beziehung zu diesen mystischen Wesen auf, da ich unzählige Stunden damit verbrachte, im Wald umherzuwandern, Verbindung zu ihnen aufzunehmen und von meiner natürlichen Umwelt zu lernen.

Feen in der Geschichte

Über Feen wurde seit jeher geschrieben; sie werden schon in altertümlichen Texten, wie beispielsweise Homers *Ilias* und

Odysseus, erwähnt. Im griechischen Altertum wurden Götter und Göttinnen angebetet, und die kleineren Gottheiten galten als Naturgeister.

Geschichten über Elfen und Feen finden sich auf der ganzen Welt, und Feen spielen auch in den orientalischen, arabischen und asiatischen Kulturen eine Rolle. Zur altnordischen Folklore gehören Fabeln über Elfen, die Lorelei und andere derartige Wesen, und in Irland sind es die Sidhe, die in Hügeln und Grabhügeln leben.

Wie in vielen anderen Kulturen betrachteten auch die alten Kelten Feen als einen wichtigen Teil des Alltags und behandelten sie voller Respekt. Es war üblich, ihnen kleine Gaben, die aus Essen oder Milch bestanden, als Zeichen der Hochachtung und Dankbarkeit hinzustellen. Denn unsere Vorfahren wussten, dass Feen die Macht haben, entweder eine üppige Ernte zu bescheren oder die ganze Ernte zu vernichten.

Auch glaubten die Menschen, dass Elfen Krankheiten verbreiten, und wenn jemand krank wurde, gingen sie davon aus, dass Feen die Ursache dafür waren. Feen stahlen angeblich auch Säuglinge und tauschten sie gegen Feenkinder aus. Solche Kinder wurden »Wechselbälger« genannt und man erkannte sie häufig an einem ungewöhnlichen »feengleichen« Aussehen oder einem Merkmal, das sie vom ursprünglichen Kind unterschied.

Über der Haustür wurde ein Hufeisen aufgehängt, um die Feen fernzuhalten, denn wie jedes Kind wusste, können sie kein Eisen vertragen, da es ihre Magie stört. Und um sich zu schützen, sagte keiner je etwas Schlechtes über die Geister der Natur.

An die übernatürlichen Kräfte der Feen wurde jedoch oft appelliert, etwa um verlegte Gegenstände wiederzufinden, Krankheiten zu heilen, in die Zukunft zu blicken und Segen auszusprechen. Die Menschen suchten die weise Frau der Gemeinde oder einen »Feendoktor« auf, die oder der die Fähigkeit hatte, Verbindung zum Feenreich aufzunehmen und mit der Unterstützung dieser magischen Wesen Heilung zu bewirken.

Im Mittelalter lehrte die vorherrschende Religion des Westens, dass Feen gefallene Engel seien, und so wurde der Verehrung der Natur ein Ende gesetzt – dachten zumindest die Täter, die das Heidentum fürchteten! Alle Kontakte zu Feen mussten heimlich geknüpft werden – bis zur industriellen Revolution Ende des achtzehnten Jahrhunderts, als die Zerstörung der Natur im Namen des »Fortschritts« begann und die Luftverschmutzung anfing. Da mussten die Naturgeister eine Stufe höher schalten und den Menschen ihre Not kundtun. So kehrten die Feen wieder in die Köpfe und Herzen derjenigen zurück, die sie fühlen konnten.

Heutzutage akzeptieren immer mehr Leute die Existenz von Feen, und eine neue Einstellung zu ihnen verändert die Art und Weise, wie sie wahrgenommen werden. Es ist toll, dass Menschen, die sich zur Magie und dem Mysterium des Feenreichs hingezogen fühlen, sich nicht mehr in der Öffentlichkeit verstecken müssen, während die Menschen auf den vielen Feenfestivals und -bällen überall in England und den USA Spaß haben. Freude ist schließlich die höchste Schwingung und ein äußerst begehrtes Geschenk der Feen!

Auch wenn es Spaß macht, in Ballettröckchen, gestreiften Stretchhosen und Feenstaub herumzulaufen, darf das Reich der Feen nicht respektlos behandelt oder auf die leichte Schulter genommen werden. Für jede gute Fee muss es auch eine »nicht so gute« Fee geben, da die Natur uns zeigt, dass alles eine Licht- und eine Schattenseite hat. Es gibt daher Feen, die Pflanzen beim Wachstum helfen, und Feen, die den Fäulnisprozess unterstützen. Das sind die Feen, die von Menschen als böse angesehen werden. Doch jede von ihnen spielt ihre eigene Rolle, und es gibt viele Aspekte der Feen, die erforscht und verehrt werden sollten.

Suchen Sie den inneren Zauber, dann wird sich die Magie mit Sicherheit in Ihrem Umfeld zeigen.

Übung: Öffnen Sie den Feen Ihr Herz

Wir können jederzeit Verbindung zu Feen aufnehmen, vor allem wenn wir entspannt oder draußen in der Natur sind. Laden Sie sie also zu sich ein und lassen Sie sich von ihnen helfen, heller zu strahlen…

Setzen Sie sich an einen ruhigen Ort im Freien oder neben einer Topfpflanze oder einem Kristallstein, falls Sie nicht nach draußen gehen können.

- Konzentrieren Sie sich nun auf Ihr Herzchakra, dem Energiezentrum Ihres Herzens.
- Atmen Sie tief ein und aus.
- Atmen Sie nun Liebe ein.
- Atmen Sie dann Liebe aus.
- Stellen Sie sich vor, dass eine Fee vor Ihnen erscheint, während Sie weiterhin Liebe ein- und ausatmen.
- Achten Sie auf ihr Aussehen, auf jedes Detail.
- Atmen Sie nun Liebe in ihre Richtung aus.
- Sie atmet Ihnen Liebe zu, während Sie einatmen. Atmen Sie also ihre Liebe ein.
- Atmen Sie im Gegenzug Ihre Liebe aus, und nachdem sie Ihre Liebe empfangen hat, atmet sie Ihnen wieder Liebe zu.
- Setzen Sie das Herzatmen fort, bis Sie spüren, wie Ihr Herzchakra sich der Fee vor Ihnen und dem Feenreich öffnet.
- Wenn Sie fertig sind, danken Sie der Fee und stellen Sie den Feen als Dank für Ihre neue Beziehung zu ihnen eine

Gabe, wie beispielsweise Honigbrot, hin. (Sie mögen Süßes.)

Ihre Herzpräsenz und Ihr Liebesgeschenk wurden freudig angenommen. Und Sie wurden ins Herz des Feenreichs aufgenommen.

Danach wird Ihr Leben nie mehr dasselbe sein.

Feen und die Elemente

Auch wenn die Feen sich von der menschlichen Rasse unterscheiden, ist die Erde auch ihre Heimat. Sie haben die Aufgabe, alles zu bauen, was für diese Welt gebraucht wird, und sie physikalisch zu erschaffen. Alles, was wir in der Natur sehen, wurde von ihnen erbaut. Wie erstaunlich ist das denn?! Ihre Aufgabe ist es, das Gleichgewicht der Erde zu hegen, wachsen zu lassen und zu fördern – und das bezieht auch uns mit ein!

Das Volk der Feen besteht aus vielen ähnlich benannten Wesen, wie den Gnomen, Zwergen, Elfen, Heinzelmännchen, Wichteln, Faunen, Blumenfeen, Meerjungfrauen, Feuergeistern, Kobolden und noch vielen anderen. Überall auf der Welt haben Länder ihre eigenen Feen und Naturgeister und geben ihnen Namen, wie beispielsweise die Nixen in Deutschland und die Yōsei in Japan.

Jeder Feentyp ist einem der vier Naturelemente zugeordnet: der Erde, der Luft, dem Feuer oder Wasser. Sie arbeiten harmonisch miteinander und insbesondere mit dem fünften Element – dem Geist, der alles Lebendige einschließlich der anderen vier Elemente durchzieht, um alles Leben auf der Erde zu erschaffen und zu erhalten.

Die Elemente bilden die Wurzeln aller Materie und sie können ohne die Funktionen des Feenreichs nicht existieren. Sie sind die körperlichen Manifestationen der Feen, erschaffen in ihrer Sphäre, die Feenreich genannt wird.

Um die Kräfte der Natur erforschen zu können, muss man sich mit den Elementen auf einer physischen und spirituellen Ebene verbinden. Denn jedes Element ist von großer Bedeutung und wird mit Energien in Verbindung gebracht, die wir um persönliche oder magische Unterstützung bitten können.

Das Element Erde hält unsere Logik und unseren gesunden Menschenverstand aufrecht; es macht uns bodenständig und stabil.

Erde

Das Feuer ist die antreibende Kraft für unsere eigene Stärke, unseren Mut und unsere Leidenschaft für das Leben.

Feuer

Die Luft bringt Aspiration und Inspiration und stärkt unsere Kreativität.

Luft

Das Wasser sorgt für unser emotionales Wohlbefinden und unsere Kreativität.

Wasser

Elementale

Die Kräfte und die Einflüsse eines jeden Grundelements sind in den Elementalen verkörpert.

Elementale sind spezialisierte Feen, Wärter eines der vier Elemente und ihre Aufgabe ist, dafür zu sorgen, dass sie funktionieren. Sie sind die Kraft hinter dem Element und aus seiner Materie gemacht.

Es heißt, der Schweizer Alchemist Paracelsus gab diesen Geistern im Mittelalter ihren Namen, obwohl Empedokles im fünften Jahrhundert v. Chr. der erste bekannte Mensch war, der die These vertrat, dass die Welt aus vier Elementen erschaffen worden sei. Im dritten Jahrhundert n. Chr. ordneten die Anhänger des Neoplatonismus jedem Element bestimmte Geister zu.

Elementale Wärter

Dies sind die wichtigsten elementalen Wärter des Feenreichs:

Gnome

Gnome sind die Wärter des Erdelements. Sie sind die Naturgeister, die den Boden bearbeiten, ihn sieben und dafür sorgen, dass er genährt ist, damit Insektenarten darin leben und Pflanzen daraus wachsen können. Ohne die Hilfe der Gnome hätten wir weder Pflanzen noch Bäume, weder Obst, Gemüse noch Salat zu essen. Die Gnome geben uns einen Ort, an dem wir leben können, den wir unser Zuhause nennen können.

Sylphen

Sylphen sind die Wärter des Elements Luft. Sie sind die flüchtigen, flüsternden Luftgeister, die über den Wind Botschaften schicken. Wenn Sie an den Himmel schauen und blinzeln, können Sie sie als winzige Lichtpünktchen erkennen, die in der Brise tanzen. Ihre Aufgabe ist es, die Luft zu reinigen, damit alle liebenden Wesen, die auf der Erde wachsen und sich bewegen, frei atmen können. Ohne die Luftfeen würden wir hier auf der Erde nicht überleben.

Salamander

Salamander sind die Wärter des Feuerelements. Sie existieren nur in der ätherischen Welt, bis sie mithilfe eines Streichholzes, Feuerzeugs oder elektrischen Geräts in die irdische Existenz befördert werden. Ihr Äußeres gleicht rot-orange-gelben Eidechsen, und ihre Gestalt ist in den Feuerflammen sichtbar – kein Feuer kann ohne sie bestehen!

Nixen

Nixen sind die Wärter des Wasserelements. Sie sind die Naturgeister der Gewässer – der Seen, Flüsse, Teiche, Meere und sogar des Regens. Ihre Aufgabe ist es, die Tiere und Pflanzen, die in den Gewässern leben, und auch das Wasser selbst zu nähren und zu schützen.

Arbeit mit Elementalen

Leute, die sich auf Feen und Magie spezialisiert haben, arbeiten mit den Elementalen zusammen. Sie laden sie in heilige Räume ein und behandeln sie selbstverständlich mit Hochachtung. Wenn man die Funktion des jeweiligen Elemental und die Eigenschaften seines Elements kennt, hat man die Grundlagen für natürliche Magie und Alchemie:

- Elementale der Erde sorgen für die physikalische Welt, Wachstum, Entstehung, Kraft und Gesundheit.
- Elementale der Luft befassen sich mit Bewegung, Kommunikation, den dem sechsten Sinn, Inspiration und der Macht des Geistes.
- Elementale des Feuers sind für Leidenschaft, Umwandlung, Reinigung und Energie zuständig.
- Elementale des Wassers befassen sich mit Ebbe und Flut des Lebens, Ruhe, Reinigung, Säuberung, Wahrsagungen und den Gefühlen.

Wenn Sie das mit einem Verständnis für die Jahreszeiten und ihre Feste kombinieren, werden Sie feststellen, dass sich Ihnen die Wege der Feen auf Weisen offenbaren, die Sie nie für möglich gehalten hätten!

Jährliche Feenfeste

In der Natur besteht das Jahr aus vier Jahreszeiten. Die Sonne markiert die saisonalen Veränderungen, die mit vier Feenfesten honoriert werden. Die vier Crossquarter-Tage (Frühlingsmitte, Sommermitte, Herbstmitte, Wintermitte) und die Tagundnachtgleiche werden auf Feuerfesten gefeiert, und zusammen bilden die acht Feste der Jahreszeiten das Jahresrad.

Unsere Vorfahren wussten von dem Jahresrad und hielten sich daran, da ihre Existenz von den Elementen abhing. Diese lieferten die richtige Menge an Regen, Sonne, Wind und fruchtbarer Erde für eine gute Ernte. Sie hatten verstanden, dass die Elementale hinter dem Wirken der Elemente stecken. Daher waren sie darauf bedacht, an die gute Seite der Naturgeister zu appellieren und die anderen Geister friedlich zu stimmen.

Jedes Fest spiegelt den Zustand der Natur zu diesem Zeitpunkt, die Ereignisse im Bauernkalender sowie die körperlichen und spirituellen Wirkungen der Jahreszeit auf die Menschen wider. Jede Saison ist eine Zeit des Segnens und der Danksagung an die Naturgeister und die Göttin, die in ihrer Dreifaltigkeit der Jungfrau, Mutter und weisen Alten den Lebenszyklus auf Erden aufrechterhält.

Imbolc

Traditionelle Daten

1.- 2. Februar auf der nördlichen

1.- 2. August auf der südlichen Halbkugel

Die Jungfrau, Unschuld, Reinheit; sie sät den Traum aus und gebärt das innere Kind.

Imbolc ist eine Zeit der Reinigung in Vorbereitung auf das kommende Jahr und wird als Aspekt der Jungfrau der keltischen Göttin der Dreifaltigkeit dargestellt. Sie ist das junge Mädchen, das zur Frau wird, während der Fruchtbarkeitszyklus der Natur beginnt.

Es ist die Zeit, in der neue Sprossen aus der Erde wachsen, in der Frühlingsblumen anfangen zu blühen und wir die Erneuerung des Lebens beobachten können. Die Tage werden spürbar länger und die ersten Lämmer werden geboren, die Mutterschafe fangen an zu säugen.

Für unsere Vorfahren auf der nördlichen Erdhälfte war dies eine ganz wichtige Zeit, da es wieder frische Milch gab, was nach der Kargheit des harten, kalten Winters den Unterschied zwischen Leben und Tod bedeutete. Heute noch ist es am Feiertag Imbolc eine heidnische Tradition, frische Milch auf den Boden zu schütten, um die Erdfeen zu ehren und Fruchtbarkeit der kommenden landwirtschaftlichen Saison auf den Dörfern sicherzustellen.

Es ist die Zeit für neue Ideen, Pläne und kreative Projekte.

Zauberlied an Imbolc

Unter einer weichen weißen Schneedecke
wächst eine einzige Blume.
Die Göttin steht in Jungferngestalt da
und scheint durchs heutige Morgengrauen hindurch.
Neue Früchte regen sich in ihrem jungfräulichen Schoß,
sie erwachen aus dem Winterschlaf.
Sie fordert dich auf, jetzt frei zu sein,
jede neue Möglichkeit zu erforschen.
Denn das ist die Zeit, in der du deine Träume aussäst.
Wie hart und rau das Leben dir auch erscheint,
sie werden wahr werden – vertraue jetzt darauf.
Bekämpfe nicht die Natur, sei mit ihr vereint,
nimm die angebotene Schale
voller frischer Milch eines Mutterschafs.
Heiße das Jahr mit offenen Augen willkommen.
Auf dich wartet Magie –
denn die Natur lügt nie.

Ostara

Traditionelle Daten:

21.- 22. März auf der nördlichen Halbkugel,

21.- 22. September auf der südlichen Halbkugel

Die Jungfrau reift zur erwachsenen Frau heran, vom Dunkeln ans Licht, Zeichen des Wachstums und der Vielfalt

Wenn wir mit der natürlichen Welt im Einklang stehen, können wir die neuen kreativen Kräfte, die sich zu dieser Zeit in der gesamten Natur regen, freudig annehmen und ehren. Ostara verkündet die Frühlingstagundnachtgleiche – eine Zeit des Gleichgewichts zwischen Licht und Dunkelheit, ein Tag der Balance. Der Zeitpunkt ist geeignet, sich anzusehen, was in Ihrem Leben ins

Gleichgewicht gebracht werden muss, was Sie erreichen und was Sie loswerden möchten. Es ist auch eine Zeit, in der neues Leben honoriert wird, und das Fest, das sich das Christentum als Osterfest »ausgeliehen« hat. Denken Sie an Eier, geschlüpfte Küken und die neuen Verheißungen des Frühlings.

Die Saat, die an Imbolc gepflanzt wird, braucht Zeit, um tief in der Erde zu reifen, und auch wenn Pflänzchen jetzt heranwachsen, stehen sie noch nicht in ihrer vollen Blüte. Ostara ist die Zeit des Ausbrütens, der Entwicklung von Projekten, Wünschen, Zaubereien und Träumen, in die wir Energie einatmen müssen. Es ist die Zeit für Geduld. Das, was wir noch nicht sehen können, muss erst noch geschehen – im Hintergrund, unter der Oberfläche. Wir müssen daher warten, darauf vertrauen, dass die natürliche Ordnung der Dinge eintritt, und es zulassen. Das Timing dafür ist perfekt.

Zauberlied an Ostara

Es ist die erste Frühlingsregung.
Es bringt den Neubeginn.
Trinke von dem, für was es steht –
neues Leben, Wachstum und Erwartung.
Warum sich eilen und sich grämen?
Deine Saat ruht sicher in seinem Schoß.
Die Feen arbeiten hinter der Bühne
an deinen Zielen und Träumen.
Jetzt sind Warten und Vertrauen der Schlüssel,
denn das Leben wird freudig erblühen.

Beltane

Traditionelle Daten

1.- 2. Mai auf der nördlichen Halbkugel,

31. Oktober auf der südlichen Halbkugel

Die Mutter, fruchtbarer Geist, Körper und Seele, Geburt unserer Ideen und dem Wissen der Seele

Beltane ist die Zeit, in der feminine und maskuline Energien sich vereinen, um das Heilige der Sexualität zu feiern. Die Göttin nimmt sich den Gott zum Geliebten, um in den kommenden Sommermonaten das volle Erblühen der Natur zu gebären. Die Natur wird in den frischen leuchtenden Blumen, Gräsern und Blättern, die nun an die Erdoberfläche drängen, gefeiert. Es ist eine Zeit des Überflusses – ein Freudenfest für das Feenreich.

Dies ist das uralte jährliche Heidenfest, das bis zum heutigen Tag überlebt hat. Die Dorfbewohner versammeln sich zum gemeinsamen Festmahl und trinken dazu Bier, während sie in den Mai tanzen und eine Maikönigin wählen. Die Kinder lassen Bänder flattern, während sie um den geschmückten Maibaum tanzen. Er ist ein Phallussymbol, der die traditionellen Rituale darstellt, die einst durchgeführt wurden, um die Fruchtbarkeit des Viehs und der Menschen zu fördern. Beltane ist auch als Feuerfest bekannt. Als Zeichen des Schutzes brannten Riesenfeuer auf den Hügeln. Andere Feuer wurden für Paare angezündet, die Hand in Hand über die Flammen sprangen, bevor sie in den Wald rannten, um dort die Ehe zu vollziehen.

Es ist die Zeit, in der die Ziele erreicht werden, die zu Jahresbeginn gesetzt wurden, in der Projekte Fahrt aufnehmen und sich Beziehungen voll entfalten. Wir haben an Imbolc die Saat gesät, und jetzt gebärt die Göttin durch die Vereinigung mit dem Gott die Idee. An Beltane wird sie Realität und wächst im Laufe des Jahres weiter.

Zauberlied an Beltane
Während überall im Land die Feuer brennen,
springt ein Paar Hand in Hand über die Flammen
als Zeichen seiner Verbindung und dieses Brauches,
denn sie wissen: Heute Nacht ist DIE Nacht!
Während sie durch den dunklen Wald rennen
und ein Bett aus Gras finden,
sollten sie sich gewahr sein, wer in der Nähe ist,
denn Feengruppen umgeben die beiden.
Während sie sich vereinigen, tanzen
die Feen und besiegeln das Schicksal
der Blumen und Pflanzen,
der Büsche und Bäume,
derweil der Gott darnieder kniet und
die zukünftige Mutter schwängert,
indem er seine natürliche Saat tief in ihrem Schoß sät.
Und so wird die Göttin, wenn die Zeit reif ist,
die Magie gebären, die die Natur auf Erden ist.

Litha

Traditionelle Daten

21.- 22. Juni auf der nördlichen Halbkugel,

21.- 22. Dezember auf der südlichen Halbkugel

Die glorifizierte Mutter, das Feiern des Lichts, in unserer ganzen Pracht stehen

Dies ist das Sonnenfest Litha, auch Mittsommer genannt – der Moment, an dem die Sonne an ihrem höchsten Punkt am Himmel steht. Es ist die Jahreszeit, in der der Schleier zwischen den Welten zerrissen wird. Feenringe aus Pilzen, Giftpilzen und Blumen lassen sich entdecken, und wer ein offenes Herz hat, wird hineingebeten, um sich mit dem Zauber der Feen zu verbinden. Es ist eine Zeit der Intensivierung, der Konzentration, Entwicklung und Entschlossenheit, während wir stärker werden und die Macht über uns selbst annehmen, nach der wir streben. Möglicherweise betreten wir Neuland, doch das Sonnenlicht wird den Weg ausleuchten, und wir können uns die Kraft und Wärme der Sonne leihen, während wir das Mysterium willkommen heißen.

Zauberlied des Mittsommer-Feenrings
Ich rufe die Magie des Mittsommerabends,
dessen Mystik und Geheimnis verwoben sind.
Möge in dieser Nacht Kraft gewährt werden,
wenn ich meine neuen Gaben mit anderen teile,
denn das ist das einzig Richtige.
Mit Armen, die sich nach den Zauberwesen ausstrecken,
ehre und danke ich. Jetzt ist es vollbracht.

Lammas

Traditionelle Daten

1. August auf der nördlichen Halbkugel,

22. Februar auf der südlichen Halbkugel

Die Mutter wird reifer, Dankbarkeit für irdische, körperliche Nährwerte

Lammas – auch Lughnasadh genannt – markiert die erste Ernte des Jahres. Das Korn wird geerntet, und der Sonnengott Lugh – auch John Barleycorn genannt –, der in seiner Glanzzeit abgeschnitten wird, um im nächsten Jahr wieder aufzuerstehen, wird gefeiert. Es ist die Zeit der Festessen, die Zeit des Überflusses und der Anerkennung des Zyklus von Leben, Tod und Wiedergeburt.

Aufgrund von Lughnasadh wurde aus der Saat, die früher im Jahr gepflanzt worden war, eine üppige Ernte, die eingeholt werden muss. Es ist die Zeit der Gelegenheiten und glücklicher Umstände, denn das sind die sorgenfreien Sommertage. Träume sind wahr geworden und können nun gepflückt werden. Es ist die Zeit, die Früchte einzusammeln und alles zu schätzen und zu segnen, was uns in den Schoß fällt.

Zauberlied an Lughnasadh

Heute hält das Rad des Jahres am Lammas an –
der Zeit, die zuvor gesäte Ernte einzufahren.
Feiert die Ernte des Weizens, Hafers, Korns.
Lagert sie gut vor dem abnehmenden Mond.
Jetzt ist John Barleycorn in seiner Höchstform geschnitten,
aber schaut euch um,
denn Lugh, der Sonnengott, scheint vom Himmel über die Felder.
Wir werden nun von Mutter Erde gesegnet,
die Mühe ist vorbei, bald können wir ruhen.
Aber was erntet ihr von der Saat?
Ist alles gut? Was habt ihr verdient?
Was habt ihr gelernt?
Möge der Zauber dieses Tages
euch auf allen Wegen segnen.

Mabon

Traditionelle Daten

21.- 22. September auf der nördlichen Halbkugel,

21.- 22. März auf der südlichen Halbkugel

Die weise Alte, die Kunst des Sinnierens, Selbstgenügsamkeit des Geistes, des Körpers und der Seele

Mabon feiert die Herbstsonnwende, an der die hellen und dunklen Stunden im Gleichgewicht sind, bevor die kurzen Wintertage anfangen. Es ist die Zeit, in der wir tief in uns gehen, um über die Monate nachzudenken, die vor uns liegen, dankbar für alles Gute sind, das uns beschert wurde, und für die Üppigkeit, mit der das Jahr uns bisher beschenkt hat, Dank sagen.

Diese Zeit des Gleichgewichts und bewussten Wahrnehmung der Ernte unserer Früchte erinnert uns daran, dass auch wir ein Teil der Natur sind. Daher ist es auch für uns die Erntezeit.

Übung: Das Gleichgewicht des Mabon

Suchen Sie in Ihrem Inneren nach dem Gleichgewicht. Wenn Sie rastlos sind, Ihre Gefühle Ihnen zu schaffen machen oder Sie sich verloren fühlen, ist es an der Zeit, das Gleichgewicht in Ihrem Leben wiederherzustellen.

- Welche Saat haben Sie früher in diesem Jahr gepflanzt?
- Sind die Saatkörner aufgegangen?
- Was müssen Sie hereinholen oder loslassen, um weiterzukommen?
- Akzeptieren Sie jeden Aspekt von sich, der beleuchtet werden muss, und trennen Sie sich mit Dankbarkeit und

dem Bewusstsein, was Sie gelernt haben von dem, was Ihnen nicht dient.

- Wenn Ihr Gleichgewicht wiederhergestellt ist, dann ruhen Sie sich aus und erfreuen Sie sich an den Früchten Ihrer persönlichen Ernte.

***

Zauberlied an Mabon

Der Herbst ist endlich da,
eine Zeit, in der wir über das nachdenken, was war,
das wie im Flug vergangene Jahr.
Träume wurden gesät, jetzt sind sie gewachsen.
Mabon schenkt uns Dunkelheit und Licht,
Tag und Nacht im vollkommenen Gleichgewicht,
und daher blicken wir in unser Inneres,
um unser eigenes Gleichgewicht zu erkennen.
Was hat uns verletzt, was konnten wir daraus lernen?
Das wenden wir an, um uns nicht zu verbrennen.
Es ist wichtig, in alle Richtungen zu strahlen
Und deine Schattenseite anzuerkennen,
denn beides zusammen macht dich erst ganz –
beides vereint macht deine Seele aus.
Zünde zwei Kerzen an, eine weiße, eine schwarze,
sie stehen für deine Freuden und deine Pein.
Wirf alles über Bord, was du nicht brauchst,
doch behalte das, was du brauchst, um erfolgreich zu sein.
Die Ernte ist eingebracht, wir feiern sie
und danken für ein Jahr im Überfluss.

Samhain

Traditionelle Daten

31. Oktober auf der nördlichen Halbkugel,

30. April auf der südlichen Halbkugel

Verehrung der alten Weisen, Hochachtung für unsere Vorfahren, Heilung unserer Wunden

Halloween lässt uns an Gespenster, Kürbislaternen und Kinder denken, die »Süßes! sonst gibt's Saures!« rufen, während sie Beutel hinhalten, die mit Süßigkeiten gefüllt werden sollen. Ursprünglich wurde der Tag Samhain genannt und war ein keltisches Fest zum Sommerende. In der Nacht des 31. Oktobers wurden Feuer angezündet. Dorfbewohner verbrannten Ernten und Tiere, um sie ihren Göttern und Göttinnen zu opfern und sich für die üppige Ernte zu bedanken.

Die Kelten glaubten, dass die Seelen der Toten für diese Nacht aus der Unterwelt freigelassen wurden. Manche waren willkommen, andere wurden gefürchtet, und so trugen die Menschen Kostüme und Masken als Schutz vor den Geistern.

Samhain gilt immer noch als eine Zeit des Nachdenkens und der Verbundenheit mit denen, die in die andere Welt übergegangen sind. Und es ist eine Zeit, in der wir uns Gedanken darüber machen, woher wir in diesem Jahr gekommen und wohin wir gegangen sind. Die Göttin ist in ihrer Dreifaltigkeit zur alten Weisen geworden, und wir werden aufgefordert, ihre Weisheit in unserem Inneren anzuzapfen, während sie uns in den kommenden dunklen Monaten auf ihrem Schoß wiegt und es uns möglich macht, alles loszulassen, was uns nicht länger von Nutzen ist.

Da zu Samhain der Schleier zwischen den Welten am dünnsten ist, können wir die Welt der Feen und Geister in dieser Zeit am deutlichsten erkennen und uns mit ihr verbinden.

Zauberlied an Samhain

Kessel kochen, Laternen leuchten,
böse Geister und Gespenster jammern und stöhnen,
Partys im ganzen Land,
Kinder und Erwachsene Hand in Hand.
Zeit der Freude, aber vergesst nicht,
während die Feuer lichterloh brennen,
unsere Ahnen, die vor uns über Land gingen.
Wir ehren dich und bitten um mehr Weisheit
und Wege, wie wir die Klugen unter uns sein können.
Lass uns heute Nacht durch den dünnen Schleier sehen.
Der Schutz ist da – habt keine Angst –
und so heißen wir dich willkommen
und alles, was du mitbringst.
Geh in dich und schau tief in dich hinein,
um Altes abzulegen, ein schamanischer Tod,
umarmt und mit ruhigem Atem zentriert,
lädst du nun neues Leben ein.
Die Göttin ruft dich auf, du selbst zu sein
Übers Jahr von der Jungfrau zur Mutter geworden,
ist das Ende nun gekommen, um das andere zu fühlen.
Die weise Alte steht in ihrem Glanz da.
Hab keine Angst, allein zu sein.
Der heilige Weg führt in die Freiheit.
Geh gestärkt weiter – so soll es sein.

Yule

Traditionelle Daten

21.-22. Dezember auf der nördlichen Halbkugel,

21.-22. Juni auf der südlichen Halbkugel

Die weise Alte wird blasser, die Sonne kehrt zurück, die Essenz unseres Seins erforschen

Im Winter ist das Julfest die Zeit, in der unsere Vorfahren und die Feen sich versammeln, um die Rückkehr der Sonne willkommen zu heißen. An der Wintersonnwende ist das Licht der Sonne am schwächsten, da ihre Kraft seit ihrem Höhepunkt an der Sommersonnwende vor sechs Monaten nachgelassen hat. Doch dann wird sie wieder stärker, während es wieder auf die Sommermonate zugeht. Die Geburt der Sonne – das Licht der Welt! Das wird bejubelt und gefeiert! Und der neue König wird angekündigt! Der keltische Brauch erzählt von einer großen Schlacht, die zweimal im Jahr zwischen dem mächtigen Stechpalmenkönig und dem majestätischen Eichenkönig stattfindet. An der Sommersonnwende gewinnt der Stechpalmenkönig die Schlacht und steht stolz bis zum Julfest da. Dann wird er in seiner ganzen Pracht vom Eichenkönig gefällt, der daraufhin über die Monate herrscht – bis zur nächsten Schlacht im darauffolgenden Sommer.

Zauberlied zum Julfest

Das Feenvolk geht auf leisen Zehenspitzen
übers verschneite, frostige Land
zu einer Stechpalme am Julfest.
Es ist an der Zeit, ihm seine Macht zu nehmen,
denn der Eichenkönig wird diese Schlacht gewinnen
und in den Frühlingsmonaten herrschen
und sich am Morgen der Sonne zuwenden,

die wiedergeboren wird – das Licht hat gewonnen.
Jedes Jahr dreht sich das heilige Rad.
Nun ist die Yule Zeit gekommen,
wir wollen heiter und fröhlich feiern,
mögen die Glocken den »Frieden auf Erden« einläuten!
Legt die Scheite aufs Feuer
und lasst Herzenswünsche wahr werden.
Ehret die Flammen, die in der Kälte wärmen,
mit Segen für alle an diesem Julfest.

Zusammenfassung

- Feen sind Wesen, die auf einer höheren Frequenz schwingen als wir.
- Sie sind die Erbauer der Natur.
- Man kann sie mitunter sehen, wenn der Schleier zwischen ihrer und unserer Welt besonders dünn ist.
- Unsere Vorfahren respektierten und verehrten diese Naturgeister noch.
- Elementale sind Feenwächter der vier Grundelemente der Erde und der Luft, des Feuers und des Wassers.
- Die Grundlage der Feenmagie ist das Wissen über die Eigenschaften dieser Elemente.
- Gnome sind die Wächter der Erde.
- Sylphen sind die Wächter der Luft.
- Salamander sind die Wächter des Feuers.
- Nixen sind die Wächter des Wassers.
- Das Rad des Jahres ist ein Kalender der Feste, die den Wechsel der Jahreszeiten feiern.

Kapitel 2
Die Feenverbindung

Wenn du dir bei einer Sternschnuppe etwas wünschst,
sieben Zacken dessen, wer du bist.
Schutz besteht, der Schlüssel ist Respekt.
Ehre die Heiligkeit der Feen.

Immer dann, wenn wir die Magie nutzen, ist es unerlässlich, uns zu schützen. Es ist überhaupt eine gute Idee, täglich um Schutz zu bitten, unabhängig davon, ob wir bewusst mit dem Feenreich zusammenarbeiten oder nicht.

Erdung

Bevor Sie spirituell arbeiten – sei es bei der Meditation, einer Zauberformel oder in anderer Form –, müssen Sie sich unbedingt »erden«. Dies ist wichtig, um in Ihrem Körper verankert zu sein und weiterhin mit der irdischen Ebene verbunden zu bleiben.

Wenn Sie ins Freie gehen und barfuß auf der Erde stehen, wird Sie das sofort erden und die Verbundenheit zur Erde herstellen. Sie können sich auch – wo immer Sie gerade sind – vorstellen, wie kräftige Wurzeln aus Ihren Fußsohlen herauswachsen und sich tief in den Boden eingraben. Probieren Sie es mit der folgenden Übung aus!

Übung: Sich erden

- Stellen Sie sich kräftige Wurzeln vor, die aus Ihren Fußsohlen tief in die Erde wachsen.

- Sehen Sie zu, wie Ihre Wurzeln immer dicker und länger werden. Sie wachsen immer tiefer und tiefer in den Boden hinein, bis sie die Mitte der Erde erreicht haben.
- Stellen Sie sich nun einen riesigen Kristall im Zentrum der Erde vor. Achten Sie darauf, wie er aussieht, und lassen Sie Ihre Wurzeln sich um den Kristall wickeln.
- Atmen Sie nun die Energie des Kristalls durch Ihre Wurzeln ein; atmen Sie die Magie der Erde ein und lassen Sie sie durch jede Zelle, jedes Gefäß, jeden Teil Ihres Seins strömen.
- Nun sind Sie geerdet und bereit zur Verbindung zum Feenreich.

Schutz

Für die Verbindung zur Feenwelt ist es wichtig, ein reiner Channel zu sein. Das bedeutet, keine negativen Gefühle oder Angst zu haben. Sie können für diese Reinheit sorgen, indem Sie sich vor unerwünschten Energien anderer Leute (einschließlich seelischer Angriffe), negativen Gedanken und tieferschwingender Energie schützen, die zum Beispiel in alten Häusern oder Orten festsitzt, an denen ein traumatisches Ereignis stattgefunden hat. Ein wirksamer Schutz ist, tatsächlich oder in der Vorstellung einen Kreis um sich zu zeichnen. Wenn Sie sich vorstellen, dass Sie von einer Blase aus hellem weißem Licht umgeben sind, gibt Ihnen auch das sofort den notwendigen Schutz.

Andere Schutzvorkehrungen sind beispielsweise, wenn Sie sich einen Kreis vor sich vorstellen oder mit Ihrem Kraftfinger (dem Zeigefinger Ihrer dominierenden Hand) in die Luft zeichnen. Schauen Sie zu, wie er ein wenig größer wird als Sie, und stellen Sie sich dann in den Kreis hinein.

Sie können auch eine der folgenden Visualisierungen verwenden, die Sie erden, ins Gleichgewicht bringen und schützen werden.

Übung: Zeremonie für Schutz, Erdung und Gleichgewicht

- Stellen Sie sich mit leicht gespreizten Füßen fest auf den Boden. Sehen Sie vor dem geistigen Auge, wie Wurzeln in die Erde unter Ihnen wachsen (*wie oben erläutert*), und lassen Sie sich von ihnen fest in unserer Dimension verankern.
- Fühlen Sie die starke erdende Erdenergie, während Sie sich mit dem Element Erde verbinden.
- Nun spüren Sie eine leichte Brise, die Ihren Körper streichelt – die Luftfeen versammeln sich um Sie. Atmen Sie tief ein. Nehmen Sie dankbar wahr, wie sich Ihre Lunge mit der kostbaren, Leben schenkenden Luft füllt.
- Sie nehmen nun einen leichten, erfrischenden Regen wahr, der auf Sie fällt. Umarmen Sie die Wasserfeen, die gekommen sind, um Sie zu säubern und zu reinigen.
- Eine flauschige weiße Wolke schwebt am Himmel und offenbart die Sonne in all ihrer Pracht. Die Wächter des Feuers lassen ihre brennenden Strahlen auf Sie niederprasseln. Spüren Sie die köstliche Wärme, die Ihren Körper streichelt und heilt.
- Fühlen Sie, wie Sie mit der Kraft aller vier Elemente, die sich mit jedem Teil von Ihnen verbinden, mit jedem Element verschmelzen.
- Nutzen Sie die Kraft dieser Energie. Spüren Sie, wie die Kraft durch jeden Teil von Ihnen strömt, während Sie die Arme hochheben.

- Stehen Sie da wie ein Stern. Fühlen Sie das Strömen Ihres Geistes.
- Sie sind die Erde, die Luft, das Feuer, das Wasser und der Geist.
- Sehen Sie nun, dass Sie von einer schützenden Energie umgeben sind.
- Jetzt sind Sie geerdet, im Gleichgewicht, völlig geschützt und bereit, Magisches zu bewirken.

***

Heilige Symbole

Pentagramm und Pentakel

In der Magie der Feen kann man sich für bestimmte Zaubersprüche an alle Elemente – Erde, Feuer, Luft und Wasser sowie das ätherische Element des Geistes – wenden. All diese Elemente werden vom uralten Zaubersymbol des fünfzackigen Sterns – des Pentagramms – dargestellt.

Wenn man einen Kreis um den Stern zeichnet, schützt dies die fünf Elemente und den Nutzer der Magie. Dieses heilige Symbol wird Pentakel genannt. Weise und Magier nutzten es jahrhundertelang als Schutz und um Zauber zu bewirken (nur solche, die dem höchsten Wohl dienten und niemandem Schaden zufügten), bis es unglücklicherweise als teuflisches Zeichen angesehen wurde.

Ich kann Ihnen versichern, dass das Pentakel ein Symbol des Guten ist, der Verbundenheit zur Natur und der natürlichen Magie, von der auch wir ein Teil sind. Wenn wir es für magische Zwecke nutzen und uns vorstellen, von ihm umgeben zu sein, sind wir vollkommen geschützt.

Pentakel

Der Feenstern

Der Feenstern gleicht dem Pentakel.

In Feenbräuchen und keltischen Traditionen dient er dem Schutz und der Verbundenheit zur anderen Welt. Statt fünf Zacken wie das Pentakel hat er sieben Zacken. Diese stehen für:

1. Sonne	Feuer	Leben, Erneuerung, göttlicher Funke	Kraft, Entschlossenheit
2. Wald	Erde,	Fruchtbarkeit, Überfluss, Stabilität	Weisheit, Wachstum
3. Meer	Wasser	Gebärmutter, Blutfluss, Emotionen	Harmonie, Ruhe
4. Magie		Natürliche und komplexe Magie	Alchemie, Glamour
5. Mond		Dreifaltigkeit der Göttin	Zyklen, Kraft des Geistes
6. Wind	Luft	Fantasie, Kreativität, Bewegung	Engagement, Wahrheit
7. Verbundenheit	Geist	Verbundenheit, Göttlichkeit, Vereinigung	Lebenskraft, Einheit

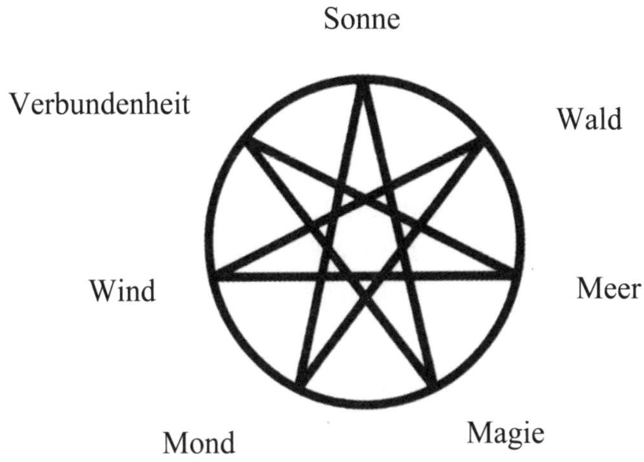

Der Feenstern

Der Feenstern ist ein Tor zur anderen Welt. Jede Zacke bedeutet einen Zugang zum Feenreich. Sie lenkt uns in die richtige Richtung und gewährt uns Zugang zum Tor der Feen.

Ich trage oft einen Feenstern an einer Halskette. Er bietet mir täglich Schutz und eine natürliche Verbindung zur Magie im Inneren und überall.

Ein Feenaltar

Wenn wir mit Feen arbeiten, ist es ganz wichtig, sie – wie auch die Jahreszeiten und Elemente – zu ehren. Dies zeigt ihnen unser Engagement ihnen und unserer Rolle als Feenwächter des Planeten gegenüber. Am besten eignet sich dafür ein Feenaltar.

Altare werden seit dem Altertum in Tempeln und heiligen Landschaften verwendet. Wenn ein Altar für Feenrituale und heilige Zwecke genutzt wird, wird er zu einem heiligen Raum, in dem die magische Aktivität der Feen und ihrer Kundschafter festgehalten wird. Außerdem ist ein magischer Fokus in unserem Zuhause – immer wenn wir unseren Altar ansehen, sind wir automatisch mit den mystischen Energien verbunden, für die er steht.

Wie man einen Feenaltar baut

Ein Altar muss nichts Grandioses sein. Machen Sie sich also keine Sorgen, falls Sie nicht viel Platz haben! Er kann aus einem-Tisch mit einem Tischtuch bestehen, der in einer ruhigen Ecke steht, oder er kann ein Kaminsims, ein Fenstersims oder ein Badregal sein. Es macht keinen Unterschied, solange Sie die richtige Einstellung haben.

Wenn Sie einen geeigneten Altar gefunden haben, brauchen Sie Gegenstände, die das jeweilige Element verkörpern. Hier sind ein paar Ideen:

Symbole für Erde

- Eine schwarze, braune oder grüne Kerze
- eine Schüssel Erde aus Ihrer Heimat oder einem heiligen Lieblingsort
- weißes kalifornisches Salbei – zur Säuberung und Reinigung
- Kristalle
- Steine
- ein Blumentopf
- getrocknete Blumen

Symbole für Feuer:

- Eine rote Kerze (die Flamme)
- ein Bild, auf dem die Sonne abgebildet ist

- ein Ornament, auf dem ein Drache, Phoenix oder Salamander abgebildet ist

Symbole für Luft:

- Eine gelbe Kerze
- ein brennendes Räucherstäbchen
- Federn (die ein Vogel in der Natur verloren hat)
- Glocken
- Windspiele

Symbole für Wasser:

- Eine blaue Kerze
- Wasser von einem heiligen Ort (wie beispielsweise dem Brunnen Chalice Well in Glastonbury in England)
- ein Becher oder Kelch, der mit Wasser gefüllt ist
- Muscheln
- ein Bild vom Meer oder von Seetieren

Wenn Sie alle vier Elemente/Elementale auf Ihrem Altar einbeziehen, sorgen Sie damit für ein Gleichgewicht aller Aspekte der Natur, wenn Sie die natürliche Welt oder das Feenreich ehren oder allumfassende Zauberarbeit durchführen.

Es ist auch immer eine gute Idee, zum Schutz und zur Verbundenheit ein Pentagramm oder einen Feenstern auf dem Altar aufzubewahren. Er kann in Form eines Anhängers oder Bilds sein – oder warum nicht selber einen aus natürlichen Materialien basteln? Ich schmücke meinen Altar meist mit kleinen Feenfiguren sowie Drachen und Meerjungfrauen. Sie können auch ein paar Abbildungen eines elementalen Wesens, dem Wald, einer Wiese oder dem Meer hinzufügen und/oder Tannenzapfen oder Blätter auf Ihrem Altar verteilen. Verwenden Sie alles, was für Sie die Magie der Natur darstellt. Vielleicht möchten Sie auch mit einem bestimmten Element und Elemental an gewissen Themen arbeiten und einen Altar zusammenstellen, der das widerspiegelt. Jedes Element und jedes Elemental hat seinen eigenen Zauber, den Sie einfangen und wirksam nutzen können, wie Sie in den nächsten vier Kapiteln erfahren werden.

Wie Sie Feen sehen und spüren können

Menschen glauben das, was sie sehen können. Aber leider haben wir es verdreht. Denn *glauben* ist der Schlüssel zur Magie. In dem Moment, in dem Sie glauben, werden Wunder geschehen. Möglicherweise zeigen sich Feen jedoch nicht visuell. Häufig sind sie eher scheu oder halten es nicht für nötig, ihre Schwingungsfrequenz herabzusetzen. Aber mitunter tun sie es doch, wenn wir etwas Besonderes für sie haben oder wenn sie sich uns unbedingt zeigen wollen. Gewöhnlich ist das für uns die einzige Chance, eine Fee zu sehen.

Das erlebte ich eines Tages während eines Workshops, den ich leitete. Die Teilnehmer saßen in einem idyllischen Hof im Feenring. Während ich mit ihnen über eine Meditation sprach, mithilfe derer sie sich mit den Feen verbinden könnten, blickte ich nach rechts und nahm zwei Feen wahr, die äußerst interessiert zuhörten. Sie waren beide ziemlich groß für Feen, und eine von ihnen hatte so lange Beine wie eine Stoffpuppe. In meinem Inneren hörte ich, wie sie mit leiser Stimme um Erlaubnis baten, zusehen zu dürfen. Ich sagte ihnen, sie seien höchst willkommen. Wenn Sie feinfühlig sind – und das sind Sie vermutlich, da Sie dieses Buch lesen –, können Sie die Gegenwart von Feen anhand der Veränderung der Energie spüren, beispielsweise ein seliges Gefühl, ein Kribbeln an einer Seite Ihres Körpers oder sogar einen

Schubs oder kleinen Stoß! Feen tanzen häufig auf den Köpfen der Menschen. Das kann sich anfühlen wie das Krabbeln von Spinnen. Passen Sie also auf, dass Sie keine Feen abschütteln, wenn Ihre Kopfhaut kitzelt!

Häufig blockieren Leute, die Feen lieben, ihre eigene Sicht, indem sie sich zu verkrampft bemühen, Feen zu sehen. Hören Sie auf, sich darauf zu konzentrieren – dann nehmen Sie vielleicht eine Fee aus den Augenwinkeln wahr oder sehen sie in Form eines Funkens oder Lichtblitzes.

Manchmal möchten Feen die Aufmerksamkeit derer, mit denen sie unbedingt zusammenarbeiten wollen, erringen. Dann schicken sie Ihnen möglicherweise Schmetterlinge, Libellen oder sogar Frösche, da diese Tierchen Feenenergie haben. Andere Zeichen können beispielsweise ein Stein oder Kristall sein, den Sie geschenkt bekommen, ein Buch, das Ihnen ins Auge fällt, ein Geschenk, das mit Feen zu tun hat, oder verloren geglaubte Gegenstände, die unerklärlicherweise wieder auftauchen.

Meine sensible Freundin Debbie hegt eine starke Sympathie für das elementare Reich. Eines Tages trafen wir uns auf eine Tasse Tee, damit sie mir von einem Umweltprojekt erzählen konnte, das sie organisiert hatte. Anfangs hatte sie gegen Widerstände ankämpfen müssen, doch nun konnte sie mir berichten, dass sich aufgrund ihrer Beharrlichkeit mittlerweile freiwillige Helfer gemeldet hatten.

Während sie in ihre glänzende neue Handtasche griff, um mir eine Broschüre über das Projekt zu zeigen, verzog sie überrascht das Gesicht und öffnete ihre Hand. Auf der Handfläche lag ein prächtiger Rubinohrring. Atemlos erzählte sie mir, dass er einer von zwei Ohrringen war, die sie vor mehreren Jahren verloren hatte. Sie hatte bei der Suche das ganze Haus auf den Kopf gestellt und immer den großen Verlust bedauert. Wie konnte der Ohrring in einer Handtasche auftauchen, die sie erst letzte Woche gekauft hatte?

Noch immer überrascht über ihren Fund griff sie wieder in die Tasche – und zog den zweiten Rubinohrring heraus. Uns war klar, dass die Feen ihr die geliebten Ohrringe als Dank für das, was sie für sie und den Planeten tat, wiedergebracht hatten.

Vorstellungskraft

Wenn Sie Ihre Finanzen in Ordnung bringen müssen oder in Ihrem Leben Überfluss brauchen, dann helfen die Feen oft nur zu gern. Sie sind tolle Lehrmeister, denn sie müssen sich nur das vorstellen, was sie sich wünschen, und es wird sofort für sie umgesetzt.

Diese Info erhielt ich während einer Feen-Reiki-Heilsession. Während ich mit meiner Klientin arbeitete, erschien eine Meerjungfrau vor meinem geistigen Auge. Wie ihre Gegenwart mir sagte, musste meine Klientin an einem emotionalen Problem arbeiten, denn Meerjungfrauen sind mit dem Element Wasser verbunden. Dann sah ich, wie die Meerjungfrauen hochgewachsene, vollständig entwickelte Pflanzen im Meer visualisierte, bevor diese physikalisch manifestiert waren. Wie mir klar wurde, leben, arbeiten und erschaffen Feen alles, was sie wollen, auf diese Weise. Wenn wir ihrem Beispiel folgen, können wir dasselbe tun. Wie oft wurden Sie als Kind ermahnt, wenn Sie Erwachsenen von Ihren Träumen und Fantasiegebilden erzählten? Wie haben Sie sich gefühlt, als Ihnen gesagt wurde: »Ach, das bildest du dir bloß ein!«? Wir wissen selbst, wie real unsere Vorstellungskraft sein kann. Der Schöpfer hat sie uns nicht nur gegeben, damit wir uns Bilder vorstellen können, wenn wir uns langweilen. O nein! Unsere Fantasie ist das Tor zur anderen Welt, zum Feenreich. Durch unsere Vorstellungskraft verbinden wir uns tatsächlich mit den Feen.

Die Feen können sofort auf das, was wir in unserer Fantasie sehen, zugreifen, denn unsere Gedanken werden in der anderen Welt gesehen. Diese Form der Verbundenheit kann also so stark und real sein, wie Sie wollen. Seien Sie jedoch vorsichtig bei dem, was Sie sich vorstellen!

Mitunter macht es Spaß, so mit den Feen zu spielen. Wenn Sie sich beispielsweise mit hauchzarten Flügeln und einem Eichelhut vorstellen, sehen die Feen Sie sofort genau so. Sie finden solche Spiele toll und lachen darüber.

So lässt sich eine Beziehung wunderbar aufbauen, da Feen gerne lachen und mit Energien spielen. Das ist Magie! Es ist die Manipulierung von Energie – und Feen sind unsere besten Lehrmeister!

Übung: Sich etwas vorstellen

- Nehmen Sie sich einen Augenblick Zeit und stellen Sie sich nur aus Spaß in irgendeiner anderen Gestalt vor, im Wissen, dass die Feen es sehen können.
- In Ihrer Fantasie sehen Sie ihre Reaktion auf das, was Sie sich vorgestellt haben. Lassen Sie zu, dass eine Verbindung zu ihnen geschaffen wird.

***

Wie Sie Feen um Hilfe bitten

Der Schlüssel zur Umsetzung unserer Wünsche und Träume ist das Vertrauen in unsere Fähigkeit, uns etwas vorzustellen und es zu manifestieren. Wenn wir dann um Hilfe bitten und uns bei unseren Handlungen lenken lassen, können wir diese Träume real werden lassen – natürlich mit der Hilfe der Feen!

Übung: Bitten Sie die Feen um Hilfe

Es gibt mehrere Wege, wie Sie das tun können:

- Sprechen Sie Ihre Bitte laut aus:
- Formulieren Sie Ihre Bitte in Gedanken.
- Schreiben Sie Ihre Bitte auf und bewahren Sie den Zettel auf Ihrem Altar oder in Ihrer Handtasche auf oder vergraben Sie ihn in der Erde.
- Singen Sie Ihre Wünsche.
- Bitten Sie in Form eines Gedichts.

Wie auch immer Sie Ihre Bitte vorgebracht haben: Sobald Sie die Feen um etwas gebeten haben, sollten Sie auf Zeichen achten. Sie tauchen häufig in der Natur auf, möglicherweise in Form eines Tiers, der Richtung eines Windhauchs oder der Form einer Wolke.

Wenn wir mit dem Feenreich zusammenarbeiten, erweitert sich unsere Fähigkeit, die Geschehnisse in der natürlichen Welt um uns herum (und wie wir alle miteinander in Verbindung stehen) wahrzunehmen und zu begreifen.

***

Kleine Geschenke für Feen

Wie Feen mir schon bewiesen haben, ist die Zusammenarbeit mit ihnen und das Vertrauen in ihre Fähigkeit, Dinge wahr werden zu lassen, eine äußerst wirksame Methode, um das zu erschaffen, was wir uns im Leben wünschen. Als Dank für ihre Unterstützung stelle ich ihnen immer eine kleine Aufmerksamkeit hin, wie zum Beispiel eine Honigschnitte, ein Schlückchen Honigwein oder ein

Stück Schokolade. Feen nehmen solche Leckereien zu sich, indem sie ihre Essenz einatmen statt sie zu verzehren. Sie wissen, ob eine Fee das Geschenk angenommen hat, wenn Sie feststellen, dass die Lebenskraft des Essens oder Getränks vollkommen verschwunden ist.

Wiederbeleben der Feenmystik

Feen fordern uns auf, die Traditionen unserer Vorfahren zu ehren. Die Mystiker des Altertums arbeiteten mit dem Fluss des Universums und erkannten, dass wir unsere natürlichen Zauberkräfte – Kräfte, die schon zu lange brach liegen –wiederbeleben, wenn wir so handeln.

Es ist an der Zeit, die Magie der Person, die Sie wirklich sind, anzunehmen und den inneren Feenmystiker wieder lebendig zu machen…

Übung: Meditation zum Widerbeleben des inneren Feenmystikers

Schließen Sie die Augen und atmen Sie tief, tief ein und aus. Fühlen Sie, wie sich Ihr Körper entspannt.

Atmen Sie weiterhin tief ein und aus und spüren Sie, wie Sie tiefer und tiefer in die Erde sinken.

Vor Ihrem geistigen Auge sehen Sie ein silbernes Band, das Sie mit dem Himmel verbindet, während Sie immer weiter und weiter nach unten sinken, immer tiefer und tiefer durch die Dunkelheit, bis Sie in der dunklen Kammer stehen bleiben, die scheinbar eine Höhle ist.

Sie wissen zwar, dass sich irgendwo ein Ausgang befindet, aber er hat sich Ihnen noch nicht offenbart. Schlingen Sie die Arme um sich, während Sie in diesem Schoß aus schwarzem Samt ruhen, sicher in der Dunkelheit des Erdbauchs. Werden Sie sich der Dunkelheit um Sie herum bewusst und lauschen Sie dem Herzschlag der Mutter – Mutter Erde –, die Sie nährt und Ihnen sagt, dass hier alles in Ordnung ist, dass es hier sicher ist. Klopf, klopf, klopf, klopf. Hören Sie auf den Herzschlag, während er Sie noch tiefer hinunterträgt.

Hier unten in der Dunkelheit wird Ihnen klar, dass dies der Ort ist, an dem die Magie ihren Anfang hat. Dies ist der Ort, an dem Sie ganz und gar Sie selbst sein können. Lassen Sie sich in diesem sicheren Hafen so sein, wie Sie sich kennen.

Atmen Sie die Heilenergie der Erde ins Herz ein und lassen Sie zu, dass die Energie Sie von allen Schmerzen befreit.

Spüren Sie den Herzschlag der Mutter, während Sie im Rhythmus atmen, und fühlen Sie, wie ihre liebevolle Energie alle Ängste aus allen Lebenszeiten auflöst und völlig von Ihnen abfallen lässt. Atmen Sie Ängste aus. Spüren Sie, wie sich Ihr Herz dehnt und wieder so liebevoll wird, wie es von Natur aus ist. In der Ferne sehen Sie einen glühenden Lichtfunken. Sie gehen darauf zu und spüren dabei Wärme. Sie befinden sich draußen in einem heiligen Hain, der im Dunst der Zeit vergessen wurde.

In der Mitte des Hains bemerken Sie riesige Felsen, die die Mauern einer altertümlichen Grabkammer mit einem grasbewachsenen Dach bilden. Während Sie an dieser heiligen Stätte stehen, nehmen Sie die Energien vieler altertümlicher Gottheiten wahr, die einst verehrt wurden. Sie wissen, dass Sie schon oft hier waren, und fühlen die Magie, die durch diesen Ort strömt.

Riesige, mächtige Eichen umgeben und beschützen den Hain. Darunter sind Eschen, Holundersträucher, Eiben, Buchen, Weiden, Stechpalmen, Hagedornbüsche, Ahornbäume, Ulmen und noch viele andere Baum- und Heckenarten. Sie spüren den Ruf eines dieser »Hüter der Weisheit« und gehen auf ihn zu.

Während Sie vor dem Baum stehen, spüren Sie Ihre kräftigen Wurzeln, die mit dem Erdboden unter Ihren Füßen verbunden sind. Stehen Sie, sich Ihrer Stärke bewusst, da und sagen Sie:

»Innere Feenmystik, ich rufe deine Macht.
Wach auf und hilf mir in all meinen Taten.
Ich rufe deine Magie auf, uns zu vereinen.
Durch Zauberei vereint ist es vollbracht.«

Fühlen Sie nun, wie Ihre Kraft in Ihnen hochsteigt. Vitale Energie strömt durch Ihre Glieder, und Sie spüren, wie jeder Teil von Ihnen lebendig wird, während jede Körperzelle, jede Ader und jedes Teilchen mit der heilenden Vibration der Magie mitschwingt.

Lassen Sie dieses Erwachen geschehen. Atmen Sie es ein. Schwingen Sie im Einklang mit den natürlichen Gaben Ihres mystischen Selbst. Dies ist die Zeit, die Gaben anzunehmen. Seien Sie bereit, diese Gaben zu empfangen, auf die Sie ein Geburtsrecht haben, und akzeptieren Sie freudig ihre natürliche und sehr wirkungsvolle uralte Weisheit und Heilung. Warten Sie still ab, während sie sich auf einer vollständigen kosmischen Ebene integrieren.

Ein Gott oder eine Göttin des Feenvolks erscheint Ihnen in einer hellen Lichtexplosion. Sie haben schon in vielen Leben mit dieser Gottheit zusammengearbeitet und kennen einander auf einer tiefen Seelenebene. Ihre Beziehung ist so stark wie eh und je; nur hatten Sie sie als das Selbst in Ihren jüngeren Wiedergeburten vergessen. Lassen Sie sich von diesem Feenkönig oder dieser Feenkönigin daran erinnern. Nehmen Sie sich ein wenig Zeit, die

Verbindung wieder aufzufrischen, Fragen zu stellen und zuzuhören.

Gehen Sie nun in die Grabkammer hinein. Hier befinden Sie sich wieder im Dunkeln. Sie sehen ein strahlendes Licht – der Ausgang wurde sichtbar.

Sie zwängen sich durch die Finsternis – Sie pressen und pressen. Es ist so anstrengend wie eine Geburt. Schließlich schaffen Sie es und sind umgeben von hellem Licht. Sie sind wieder im Hier und Jetzt.

Holen Sie tief Luft und lassen Sie das silberne Band über Ihrem Kopf wegschweben, während Sie Ihre Fußsohlen auf dem Boden spüren können. Sie erinnern Sie daran, dass Sie geerdet, sicher und ganz lebendig sind.

Schön, dass Sie wieder da sind!

***

Zusammenfassung

- Schutz ist das Allerwichtigste, wenn wir mit Magie arbeiten.
- Das Pentagramm steht für die vier Grundelemente und das Element des Geistes.
- Der Feenstern hat sieben Spitzen und wird bei der Feenmagie als Schutz und zur Verbundenheit verwendet.
- Die Einrichtung eines Feenaltars schafft heiligen Raum für Rituale, Fokus und Absichten.
- Wenn Feen wollen, dass wir sie sehen können, verlangsamen sie ihre Schwingung.
- Wir können die Gegenwart von Feen durch eine Veränderung in der Energie, im Gefühl der Seligkeit oder einem plötzlichen Stoß spüren.
- Wir können aus den Augenwinkeln einen Blick auf eine Fee erhaschen – möglicherweise in Form eines Lichtblitzes.
- Fantasie ist das Tor zur Feenwelt.
- Stellen Sie den Feen immer eine kleine Aufmerksamkeit z.B. etwas Schokolade, Honig oder Met – als Dank für ihre Dienste hin.

Kapitel 3
Die Feen der Erde

Das Element Erde bildet Blut und Knochen unseres irdischen Körpers. Wir kommen aus der Erde und kehren eines Tages in sie zurück. Wenn wir uns mit der physischen Materie der Erde, auf der wir leben, verbinden, manifestieren wir Wachstum, Fruchtbarkeit, Erdung und Stabilität. Die Erde gibt uns Sicherheit, Schutz und Nahrung. Sie ist unser Zuhause.

Nehmen Sie sich die Zeit, hinaus in die Natur zu gehen und sich von der Erde regenerieren zu lassen. Nehmen Sie ihre Gaben an, während Sie in ihrem Schutz rasten und neue Energie aufladen. Dann werden Sie bald die Ausdauer und Kraft haben, die Sie brauchen, um weiterzukommen. Die Erde ist stabil und fest, und sie wird Ihnen die Erdung gewähren, die Sie brauchen, um die erwünschten magischen Ergebnisse zu erzielen.

Magie der Erde

- Jahreszeit: Winter
- Himmelsrichtung: Norden
- Magische Zeit: Mitternacht
- Kerzenfarben: Grün, braun oder schwarz
- Elemental: Gnom
- Sternzeichen: Steinbock, Stier und Jungfrau

Das Element Erde ist nährend, fruchtbar und stabil. Es wird mit der Göttin der Geburt, des Lebens, Todes und der Wiedergeburt in Verbindung gebracht und ist die Grundlage der Magie der Zaubersprüche. Aus diesem fruchtbaren Element wachsen und gedeihen Pflanzen, Blumen und Bäume. Der Planet Erde nährt und regeneriert alles, was in und auf ihm lebt. Die Gaben der Erde wurzeln in der Magie und dem Geheimnisvollen, und sie ist das Fundament unseres Lebens, auf dem wir gehen, stehen und wohnen.

Wächter und Naturgeister der Erde

Wie schon erwähnt, sind Gnome die Wächter des Elements Erde, doch es gibt noch viele andere Erdgeister, die alle Hüter ihrer eigenen Abteilungen in der Natur sind, wie zum Beispiel:

- *Zwerge* Hüter und Geister der Felsen, Kristalle, Steine und Berge.
- *Blumenfeen* Sie kümmern sich um ihre eigene Blumenart und ihr Äußeres ähnelt dem ihrer Schützlinge.
- *Dryaden* Geister und Wächter ihres eigenen spezifischen Baums.
- *Kobolde* Flügellose, schelmische Wesen, die Menschen leiten oder auch in die Irre führen.
- *Elfen* Wunderschöne gertenschlanke Feen mit spitzen Ohren. Sehr gute Bastler und Bogenschießer.
- *Satyrs/Faune S*ie haben eine männliche Gestalt mit den Hörnern und Beinen eines Ziegenbocks. Die Beschützer der Wildtiere.
- *Kobolde* Irische Feen – die Schuster und Geldverwalter der Feenwelt.

Sie alle leben in einer Parallelwelt zur menschlichen Welt, in der magischen Dimension des Feenlands.

Wir können mit allen Erdfeen zusammenarbeiten, um Kraft und Ausdauer, unser Wissen über Kristalle, Pflanzen und Kräuter sowie Sicherheit und Fokus zu stärken.

Sternzeichen der Erde

Menschen, die in den Sternzeichen der Erde – Steinbock, Stier und Jungfrau – geboren sind, gelten als die vernünftigsten, logischsten und geerdetsten Sternzeichen. Und das ist nicht verwunderlich! Sie sind die Arbeiter, die Fleißigen, die ein Ziel vor Augen haben und erst dann aufhören zu arbeiten, wenn sie es erreicht haben – und darüber hinaus! Während Menschen, die unter einem Luftzeichen geboren sind, viele Stunden in den Tiefen ihrer Fantasie verbringen, schuften Erdzeichen meist körperlich. Ihre Kraft und Ausdauer sind zwar bewundernswert, doch es wäre klug von ihnen, sich ein wenig von den Luftmenschen abzuschauen und von Zeit zu Zeit ihren logischen Verstand ruhen zu lassen, damit ihre Kreativität fließen kann.

Erdzeichen sind jedoch die Macher dieser Welt; sie sind von Natur aus gerne in der Küche, wo sie sich mit Kräutern und Zaubertränken beschäftigen, oder gehen gern in der Natur spazieren. Sie sind gerne draußen, vor allem im Garten. Hier fühlen sie sich zu Hause, während sie heilige Rückzugsorte für Tiere, sich selbst und Feen erschaffen.

Wie Sie einen Feengarten gestalten

Jeder, der sich zum Element Erde hingezogen fühlt, macht sich zu gern die Hände schmutzig – vor allem im Garten. Und jeder, der einen Garten hat, hat auch die Möglichkeit, Feen einzuladen!

Natürlich gibt es überall dort, wo eine Blume, ein Grashalm, ein Baum oder ein anderes Gewächs in der Natur sprießt, eine Fee. Doch wenn eine große Anzahl von glücklichen Feen zusammenarbeiten und spielen, gedeiht ein Garten mit dem Extrahauch an Magie.

Laden Sie die Feen ein!

Feenfiguren in Ihrem Garten ist eine wirksame Einladung für Feen, denn »Gleich und Gleich gesellt sich gern«, und Feen werden immer von Figuren angezogen, die wie sie aussehen, und halten sich gern in ihrer Nähe auf. Auf diese Weise können Sie sie in Ihren Garten (oder Vorgarten) locken.

Achten Sie bei Ornamenten, die Sie im Garten aufstellen, immer darauf, welches Elemental sie verkörpern. Gnome, die helfen, die Erde aufzulockern, sollten beispielsweise nicht auf eine Betonauffahrt gestellt werden! Und genauso sollten Darstellungen von Meerjungfrauen in der Nähe von Gewässern stehen. Wenn Sie in Ihrem Garten ein Gewässer – zum Beispiel einen Teich – haben, ermutigt dies mehr Wildtiere, vorbeizuschauen und Hallo zu sagen. Seien Sie nicht überrascht, wenn prächtig schillernde Libellen auftauchen und Frösche Ihnen eine Serenade quaken, denn diese Kreaturen haben eine starke Verbindung zum Feenreich und heilen Mutter Erde mit den Tönen und Energien, die sie ausströmen.

Feen werden es Ihnen danken, wenn Sie einen Teil des Gartens verwildern lassen. Warum also nicht Wildblumen aussäen und Gräser sich frei entfalten lassen? Dies bietet Feen einen besonderen Raum, in dem sie spielen, sich ausruhen und das Leben genießen können. Das ist nur fair, wenn Sie sie um ihre Hilfe bei der Erschaffung eines üppig blühenden Gartens bitten wollen!

Ehren Sie die Elemente

Auch wenn ein Feengarten mit dem Element Erde in Verbindung gebracht wird, ist es wichtig, allen vier Grundelementen – Erde, Luft, Feuer und Wasser – auf die eine oder andere Weise Achtung entgegenzubringen.

Jedes Element bewirkt eine andere Stimmung und Energie:

- *Die Erde* schafft die Energie der Stabilität, der Unterstützung und festen Erdung.
- *Die Luft* kontrolliert das Gefühl von Unabhängigkeit, Freiheit und Vitalität.
- *Das Feuer* verstärkt Begeisterung und Leidenschaft.
- *Das Wasser* bewirkt Harmonie, Frieden und Ruhe.

Wenn die Elemente im Gleichgewicht sind, entsteht ein harmonischer Raum.

Sie können daher in Ihrem Feengarten auch noch folgende Akzente setzen:

- Windspiele, mit denen die Luftgeister spielen können. Die Schwingungen in hoher Frequenz ziehen Wohlstand und Reichtum an, während sie tieferschwingende Energien fernhalten.
- Ein Steingarten, der die Erdenergie von Zwergen anzieht. Warum nicht auch den Garten mit ein paar schönen Kristallen aufhübschen? Feen lieben alles, was glänzt, und da Kristalle ins elementale Reich gehören, werden sie sich mit ihrer natürlichen Heilenergie in Ihrem Steingarten ganz zuhause fühlen.
- Ein Wasserakzent, wie zum Beispiel ein Brunnen oder Teich, fügt Ihrem Garten ein Element der Erfrischung und Entspannung hinzu.
- Eine Feuerstelle aus Stein oder geschmiedetem Eisen erweitert das Element Feuer.

Blumenfeen

Blumen steuern der Welt die geheiligten Gaben der Farbe und des Dufts bei und sind eine natürliche Quelle kosmischer Energie, die wir nutzen können. Egal, ob wir uns dessen bewusst sind – Feen drängen uns dazu, innezuhalten und uns am Rosenduft zu erfreuen. Die natürliche Heilkraft der Rosen dringt tief in unser Herz und macht uns offen für die Liebe.

Jede Blumenart hat ihre eigenen Heileigenschaften und auch ihre eigene Fee! Diese Feen sorgen für das Wachstum der Blumenart, der sie zugeteilt sind. Auch hat jede Blume einen eigenen Geist, der Deva genannt wird. Er wird in dem Moment geboren, in dem der Samen keimt, und bleibt während ihrer ganzen Lebenszeit bei ihr.

Feenblumen

Bestimmte Blumen, wie beispielsweise der Sommerflieder, ziehen Schmetterlinge *und* Feen an. Wildblumen in Glockenform, zum Beispiel der Fingerhut und die Glockenblume, funktionieren ganz ähnlich. Wenn Sie bestimmte Blumenarten pflanzen, wird das die Feen in Massen anlocken und Ihrem Garten einen besonderen Zauber verleihen…

- *Glockenblume* Ihre leuchtendblaue Farbe zieht Feen an. Sie lieben es, auf mit blauen Glockenblumen übersäten Lichtungen zu tanzen.
- *Butterblume* Ihre goldenen Blüten verleihen Ihnen mehr Selbstbewusstsein für Ihre eigenen Fähigkeiten.
- *Klee* Sie können dreiblättrigen oder vierblättrigen Klee als Schutzamulett tragen.
- *Schlüsselblume* Gilt als Tor zur Feendimension.

- *Osterglocke I*hre gelben Trompeten läuten den Frühling ein. Außerdem bringen sie uns Klarheit und Neuanfänge.
- *Gänseblümchen* Diese Blume enthält die starke männliche Energie der Sonne und die weiche weibliche Energie des Monds.
- *Heidekraut* Perfekte Nahrung für Feen.
- *Geißblatt* Sein starker Duft lässt alte Erinnerungen und verdrängte Gefühle hochkommen.
- *Lavendel* Der therapeutische Lavendelduft beruhigt, reinigt und hilft beim Einschlafen.
- *Ringelblume* Diese Blume ist mit der Wärme der Sonne verbunden; zur Mittagszeit hat sie eine magische Kraft.
- *Klatschmohn* Der Mohn bringt Träume und Visionen, Inspirationen und Kreativität – wenn er mit Vorsicht verwendet wird.
- *Primeln* Sie sind das Tor zur Feenwelt und schützen den Haushalt vor Gefahren.
- *Rose* Rosen bringen Liebe, heilen das Herz und stärken die weibliche Energie.
- *Löwenmäulchen* Wehrt Negativität ab und deckt verborgene Wahrheiten auf.
- *Tulpe* Dieser »Liebeskelch« verstärkt das Gefühl für den Segen der Natur.

Tipps zum Gärtnern

Verwenden Sie niemals chemische Pflanzennahrung, denn diese tötet die Deva und beraubt die Blume ihrer Heileigenschaften und ihres natürlichen Dufts. Stattdessen wachsen künstliche Klone!

Wenn Sie sich die Blumenfeen in den Garten holen, um Ihnen bei seiner Gestaltung zu helfen, werden Sie feststellen, dass Ihre Blumen auf ganz natürliche, prächtige Weise gedeihen.

Übung: Der Ruf der Blumenfee

- Halten Sie die Blüte der Blume Ihrer Wahl in beiden Handflächen. Sagen Sie dann, während Sie sie betrachten:

»Ich rufe die Feen, die Blumenwächter,
verleiht mir eure magischen Kräfte.
Ich atme den Duft ein, er füllt mein Herz,
Schönheit umgibt mich und wird niemals schwinden.
Für alles Gute bitte ich mit einem Kuss:
Liebe Blumenfeen, bitte erfüllt mir diesen Wunsch.«

- Atmen Sie nun den Duft ein und sagen Sie:

»Ich wende diesen Feenzauber an, ohne jemandem zu schaden,
um mich zu heilen und zu erneuern – nun ist es vollbracht.

***

Es ist an der Zeit, die Schönheit und den köstlichen Duft der Blumen ins Leben zu holen! Dekorieren Sie Ihr Heim, Ihre Arbeitsstätte und Ihren Garten damit und fühlen Sie, wie ihre Heilenergien – auch die Farben – Ihre Sinne auf allen Ebenen stimulieren. Möglicherweise stellen Sie fest, dass die Arbeit mit Blumen Ihre Berufung ist – als Florist/in, Aromatherapeut/in oder Kräuterexperte/-expertin, oder indem Sie Bachblüten und andere Blütentherapien studieren. Lassen Sie sich von Blumen bei der Wiederherstellung des inneren Gleichgewichts helfen.

Kräuterfeen

Wenn Sie keinen Garten besitzen, könnten Sie sich einen kleinen Kräutergarten zulegen oder ein paar Kräuter auf der Fensterbank ziehen. Wählen Sie die Kräuter sorgfältig aus, da Sie einige Pflanzen vielleicht in einen Zauber oder für Blütenessenzen einbinden und aus Ihrer Küche einen heiligen und magischen Raum machen wollen.

Dies sind die magischen Eigenschaften einiger gewöhnlicher Küchenkräuter:

- *Basilikum* Glücksgefühle, Liebe, Frieden und Geld.
- *Gewürznelken* Schutz, Freundschaft, Glück.
- Cranberries Dankbarkeit und Überfluss.
- *Ingwer* Heilung, Kraft und Erfolg.
- *Minze* Verbannung.
- *Rosmarin* Seelischer Schutz, innerer Frieden. Verhindert Albträume.
- *Sag*e Säuberung und Reinigung.
- *Thymian:* Mut, Stärke und eine positive Einstellung.

Bäume

Bäume sind seit dem Ursprung bei uns. Sie sind Hüter der Weisheit. Bäume werden seit jeher mit Anwendern von Magie und der Feenwelt in Verbindung gebracht. Sie verwahren die magischen Geheimnisse der Vergangenheit und sind starke Quellen der Macht. Außerdem behausen und unterstützen sie Vögel, Tiere und Insekten und sind die Lunge des Planeten. Die Luft, die sie ausatmen, ist die Luft, die wir einatmen. Sie erhalten Leben, ihre

Geister sind vieldimensional und sie sind wundervolle Tore zur anderen Welt.

Wenn Sie einen Baum aufmerksam betrachten, können Sie Gesichter erkennen, die Sie aus der Rinde, den Blättern oder dem gesamten Baum ansehen. Wenn Sie sich auf diese Weise mit einem Dryaden – dem Geist eines Baums – verbinden, rufen Sie auch den Grünen Mann, den Geist des Waldes.

Ich erkenne häufig Gesichter im Blätterwerk der Bäume und spüre Baumgeister. Während ich eines Tages am Fuße des Glastonbury Tors in Somerset, England, saß, fiel mein Blick zufällig auf eine Baumgruppe. Als ich näher hinsah, formte sich aus ihnen ein riesiges Gesicht, und so sah ich zum ersten Mal buchstäblich den maskulinen Geist der Natur – den Grünen Mann.

Kraftbäume

Als ich noch klein war, ging meine Mutter jeden Sonntag in die Kirche, und dann nahm mein Vater mich mit zu den »Kraftbäumen«. Diese bestanden aus einem Hain aus Eiben, die mitten auf einem Feld standen. Es war nicht so einfach, sie zu erreichen, aber die Anstrengung lohnte sich. Die Energie, die von ihnen ausströmte, war stark und weckte meine Sinne, während ich mich an einen dicken Baumstamm lehnte und mit den Energien der Eiben, die Erneuerung und Wiedergeburt fördern, meditierte.

Fühlen Sie, dass die Bäume auf irgendeiner Ebene mit Ihnen reden, während Sie unter ihnen spazieren gehen? Sprechen Sie mit ihnen oder umarmen Sie sie? Diejenigen unter uns, die den Drang verspüren, den Weg der Feen zu gehen, wurden als Hüter der Erde ausgesucht und tragen eine Verantwortung für die Baumgeister.

Wie oft haben Sie schon dagesessen, den Rücken an einen Baum gelehnt, die Augen geschlossen, und sind auf die Reise gegangen, während Sie mit seinem Geist eins wurden? Wenn Sie mit dem

Dryaden eines Baums eins sind, wacht Ihr Geist auf. Die Feen drängen uns, die Bäume kennen zu lernen und ihre Ressourcen anzuzapfen, wann immer das notwendig ist. Hier sind einige ihrer magischen Eigenschaften:

- *Erle* Wiederauferstehung und Wiedergeburt.
- *Apfelbaum* Heilung, Wohlstand, Liebe, Frieden, Glücksgefühle und Jugend.
- *Esche* Heilung, Schutz und die Magie des Meeres.
- *Birke* Neuanfänge und Geburten, Fruchtbarkeit, Reinigung, Schutz und Segen. Die Birke steht für die Luft.
- *Zeder Re*inigung, Wohlstand und Langlebigkeit. Sie steht für die Erde, für Spiritualität.
- *Holunder*: Heilung, Liebe, Schutz und Wohlstand. Wird zur Herstellung von Zauberstäben verwendet.
- *Ulme* Ursprüngliche weibliche Stärken und Schutz.
- *Tanne* Jugend und Vitalität. Für Wohlstandsmagie angewandt.
- *Hagedorn* Weibliche Sexualität, Reinigung, Ehe, Liebe und Schutz. Als magisches Mittel angewandt.
- *Haselnus*s Fruchtbarkeit, Prophezeiung, Ehe, Schutz und Versöhnung. Als Zauberstab verwendet.
- Stechpalme Schutz.
- *Eiche* Heilung, Kraft, Langlebigkeit.
- *Olivenbaum* Frieden, Fruchtbarkeit, Sicherheit, Geld, Ehe, Treue.
- *Pinie* Unsterblichkeit, Fruchtbarkeit, Gesundheit, Wohlstand. Steht für die Erde.
- *Vogelbeere* Schutz, Heilung und Kraft. Steht für Feuer.
- *Weide* Mond und Wunschmagie, Heilung, Schutz, Verzauberung. Steht für Wasser.

Zauberlied für einen Baum

Du stehst stolz da, wirst oft übersehen,
deine Äste abgeschnitten,
gehackt und zersägt.
Doch die Feen weinen und schelten:
»Hört auf, hört auf, der Baum wird sterben!
Zeit, die Wahrheit zu erkennen, die er webt –
die Magie, die Weisheit in seinem Laub.
So heile unter einer Eiche oder Eibe, die lebt –
ihre Energie wird euch gesund erhalten.«

Wunschbäume

Feenbäume wachsen an heiligen Stätten, wie zum Beispiel den Steinkreisen von Avebury, England, oder auf dem Hügel von Tara in Irland. Meist gehören sie der Spezies des Hagedorns an, der für seine Eigenschaften als magisches Tor zur anderen Welt bekannt ist. Hier hinterlassen Leute ihre Wünsche und ihren Segen in einem bunten Lieblingskleidungsstück und binden es dann an den Baum. Die Feen des Hagedorns bringen die Wünsche und Segen durch das Tor des Baums, um sie vom Feenland aus umzusetzen.

Unfug

Vielen Elementalen der Erde wird nachgesagt, sie würden Unfug treiben, wie beispielsweise Kobolde, die die Menschen gerne in die Irre führen, sie sozusagen an der Feennase herumführen! Ihr Benehmen ist verständlich und nicht absichtlich böse, denn diese Geister bringen die Natur zum Laufen, und schließlich ist die Natur ganz schön unvorhersehbar!

Mitunter spielen Feen uns jedoch gerne Streiche, indem sie unsere persönlichen Sachen verstecken. Wenn Sie Hilfe beim Suchen von verlorenen Gegenständen brauchen, können Sie die Erdelementale um ihre Unterstützung bitten.

Übung: Rückhol-Zauber

- Zünden Sie eine braune oder schwarze Kerze an und setzen Sie sich mit dem Gesicht in Richtung Norden hin.
- Nehmen Sie ein Stück Papier zur Hand und notieren Sie den gesuchten Gegenstand.
- Stellen Sie sich im Geiste den gesuchten Gegenstand vor, während Sie die folgende Zauberformel aufsagen:

Ich suche etwas und finde es doch nie.
Ich stelle es mir mit klarem Verstand vor.
Bitte finde es anhand des Bildes, das du siehst,
und bring es mir zurück, damit ich darauf acht.
Ich rufe die Feen der Erdenergie,
ohne jemandem zu schaden,
es sei vollbracht.«

- Blasen Sie nun die Kerze aus und falten Sie das Papier viermal zusammen. Vergraben Sie es dann in der Erde.

Ihr verlorener Gegenstand wird auf unerwartete und magische Weise wieder auftauchen.

***

Hausfeen

Das Element Erde wird mit dem Zuhause in Verbindung gebracht, und im Schottisch-Gälischen Volksmund ist der »Brownie« eine männliche Hauselfe, die nachts das Haus aufräumt, während die Bewohner schlafen. Doch wenn man den Brownie zu sehr für seine Dienste belohnt, verlässt er entweder das Haus oder verursacht Chaos, indem er zum Beispiel Teller zerschlägt, Milch sauer werden lässt oder das Vieh oder andere Tiere vom Grundstück verjagt.

Seien Sie daher vorsichtig, auch wenn Sie wissen, dass Sie einen Brownie rufen können, wenn Sie Hilfe beim Sichern Ihres Heims brauchen und mit dem Element Erde zusammenarbeiten wollen, um Ihre Finanzen aufzubessern.

Erdfeen unterstützen uns nur zu gern, wenn es um unseren Wohlstand und Überfluss geht, meist im Gegenzug eines Gefallens, den wir ihnen machen. Wenn Sie Erdfeen zu Hilfe rufen möchten, sollten Sie es mit diesem Zauber für Wohlstand versuchen:

Übung: Wohlstandszauber

- Zünden Sie eine schwarze, braune oder grüne Kerze an und setzen Sie sich mit dem Gesicht in Richtung Norden hin.
- Halten Sie eine Münze in der Hand und sagen Sie:

»Feen des Überflusses, ich bitte um neuen Frieden.
Ich wünsche mir, von Armut und Schulden frei zu sein.
Bitte bringt mir Wohlstand und alles, was ich haben muss.
Beschenkt mich mit Reichtum und Erfolg
in allem, was ich tue.
Bitte segnet mich und mein Leben mit eurer großen Schatztruhe.
Inniglich bitte ich euch mit einem Kuss,
liebe Feen, meine Freunde,
erfüllt mir meinen Wunsch.«

- Vergraben Sie jetzt die Münze in der Erde (im Garten, an einem Lieblingsort oder in einem Blumentopf), damit Wohlstand in Ihrem Leben wachsen kann.
- Sagen Sie nun:

»Ich nehme diese Heilung an, ohne anderen Schaden zuzufügen.«

- Bedanken Sie sich aufrichtig bei den Feen des Überflusses. Sie können ihnen ein Geschenk wie z.B. einen Kristall machen und sie dann wegfliegen lassen.

***

Winter

In Hinsicht auf die Magie ist das Element Erde mit der Winterzeit verbunden, der Zeit, in der die Natur sich tief in sich zurückzieht, um zu ruhen und neue Energie zu laden. Wenn wir mit der Erde zusammenarbeiten wollen, müssen wir diese Jahreszeit und ihre Gaben freudig annehmen.

Der Winter ist ein Zauberkünstler, der die Natur mit Edelsteinen aus funkelndem Frost schmückt und die Landschaft mit glitzerndem Eis ausmalt. Es ist die Zeit, in der der Atem sichtbar wird und die Bäume mächtig und kahl in den Himmel ragen. Es ist die Jahreszeit, in der Geheimnisvolles in der Luft liegt, wenn die Nacht hereinbricht und die geschwächte Sonne tief am Horizont einhüllt. Es ist eine Zeit, in der wir uns tief nach innen wenden, eine Zeit der Hoffnung und des Glaubens an Magie.

Übung: Meditation: Feenkönigin der Träume

Wenden Sie das Gesicht um Mitternacht in Richtung Norden, zünden Sie eine schwarze Kerze an (denn Kerzenlicht ist der schnellste Weg) und sagen Sie:

»Jetzt, da der Winter gekommen ist,
möchte ich mich auf eine Zauberreise begeben,
um eine Bitte, einen Wunsch, einen Traum
in die Ohren der Feenkönigin zu flüstern,
die in dieser Jahreszeit des Frosts und Schnees regiert,
und so reise ich auf der Flamme, die den Weg erhellt so weit,
gen Norden, unterstützt von der Fee dieser Jahreszeit.«

Fühlen Sie, während Sie in die Kerzenflamme schauen, die plötzliche Wärme, die Sie einhüllt, so als würde sich ein Zaubermantel auf Ihre Schultern legen.

Atmen Sie tief ein und blasen Sie dann die Kerze aus. Der Rauch der ausgelöschten Flamme steigt hoch, und während Sie die Augen schließen, fühlen Sie, wie auch Sie aufsteigen. Atmen Sie noch einige Minuten lang tief ein und aus, während Sie nach oben schweben.

Schließlich spüren Sie, wie Sie sanft auf den Boden gelegt werden. Er fühlt sich hart und kalt an, und Sie stellen fest, dass Sie in der absoluten Tiefe des Winters angekommen sind. Sie sind von kahlen Bäumen umgeben, die mit weißem Frost überzogen sind und im hellen Licht des Vollmonds glitzern.

Das ist das Wintermärchenland, so wie es sich jedes Kind vorstellt. Alles ist mit Schnee bedeckt, bunte Laternen leuchten den Weg durch den Wald aus und Zuckerstangen wachsen in den Mitternachtshimmel. Wie verzaubert sehen Sie zu, wie silbrige, beinahe durchsichtige Feen auf einem zugefrorenen See Schlittschuhfahren.

Als Sie durch die Äste der Bäume blicken, nehmen Sie eine hohe alte Eibe wahr, die stolz in der Ferne steht. In ihrem Baumstamm befindet sich eine Türöffnung, die Sie aufzufordern scheint, hindurch zu treten.

Sie stapfen mit knirschenden Schritten durch den Schnee auf das geheimnisvolle Portal zu. Während Sie sich nähern, hören Sie hellen Gesang um sich herum:

»Auf Zehenspitzen läuft die Fee übers Land aus Eis und Schnee.«

Sofort gehen Sie noch leiser, um niemanden zu stören.

Wenn Sie den Baum erreicht haben, drücken Sie die Tür auf. Sie lässt sich leicht öffnen, und Sie treten ein, in der Erwartung, im Inneren des alten Baumstamms zu stehen. Doch zu Ihrem Erstaunen finden Sie sich in einem großen Raum aus Eis wieder. Ihre Gestalt spiegelt sich in den Wänden, die so durchsichtig sind, als wären sie aus Glas gemacht.

Während Sie Ihre Umgebung staunend zur Kenntnis nehmen, fragt eine Stimme: »Was siehst du? Siehst du vielleicht mich?«

In der Erwartung, dass jemand hinter Ihnen steht, drehen Sie sich um. Doch Sie können nur Ihr Spiegelbild sehen, das sich ringsum auf den Eiswänden dreht. Wenn Sie erneut sich betrachten, merken Sie, dass eine andere Gestalt Sie liebevoll ansieht: eine wunderschöne Frau, die so hell strahlt, dass Sie von ihrer Erscheinung geblendet werden.

Während Sie die Frau anstarren, sagt sie:

»Du bist hierher gereist so weit,
nun sag, was dir auf dem Herzen liegt.
Sag mir, wovon du träumst,
denn ich bin die Feenkönigin der Winterszeit.«

Erzählen Sie ihr nun von allem, was Sie sich erhoffen.

Wenn Sie damit fertig sind, hebt sie ihren glitzernden Zauberstab hoch und schwenkt ihn vorsichtig in Ihre Richtung. Winzige silberne Lichtperlen bedecken Ihren ganzen Körper. Die Königin fordert Sie auf, die Lichtperlen in Ihr innerstes Wesen einzuatmen, und sagt sanft:

»Deine Wünsche sind mir bekannt.
Die Saat der Träume wurde gesät.«

Während Sie sie voller Dankbarkeit ansehen, merken Sie, dass Ihre eigene Reflexion von der Eiswand zurückschaut.

Sie wenden sich langsam um, verlassen den Raum und treten wieder durch die magische Türöffnung hinaus in den tief verschneiten Wald.

Eine Fee, die in einen weißen Webpelz gekleidet ist, kommt auf Sie zu und reicht Ihnen eine schwarze Kerze. Sobald die Kerze angezündet ist, spüren Sie, wie Sie in die Lüfte getragen werden, und wieder auf magische Weise durch die Dimensionen schweben.

Als Sie die Augen wieder öffnen, befinden Sie sich wieder an Ihrem Ausgangspunkt.

Nun haben Sie der Feenkönigin des Winters Ihre Wünsche kundgetan. Sie müssen sich jetzt nur noch entspannen – im Wissen, dass die Traumsaat, die Sie gepflanzt haben, bei der nächsten Drehung des Jahresrads Früchte tragen wird.

***

Zusammenarbeit mit den Erdfeen

Erdfeen teilen das, was sie geschaffen haben, gerne mit uns. Sie suchen nach Menschen mit einem glücklichen, offenen Herzen, die ihnen beim Säubern und Schützen der Naturwelt helfen.

Zu Anfang werden sie Ihnen eine Aufgabe erteilen. Gewöhnlich ist das, den Müll einzusammeln, der achtlos im Freien weggeworfen wurde. Wenn Sie beispielsweise an einer leeren Getränkedose oder Bonbontüte vorbeigehen und den Zwang verspüren, sie aufzuheben, ist das garantiert ein Test der Feen. Machen Sie mit, heben Sie den Abfall auf und werfen Sie ihn in den nächsten Mülleimer. Das stärkt ihr Vertrauen in Sie und ist der Anfang einer wunderbaren neuen Beziehung zu den Feen. Je mehr Sie sich so von ihnen lenken lassen, desto selbstverständlicher wird es für Sie werden. Und die Feen werden Ihnen immer zeigen, dass sie es zu schätzen wissen – Sie brauchen nur auf die Zeichen zu achten! Ich ging einmal auf einem Weg spazieren, zu dessen rechter Seite sich ein prächtiger Rasen mit einer Bank und herrlichen Blumenbeeten befanden. Dieser kleine Park lag am Rande eines vielbefahrenen Kreisels in einer Stadt, und als ich auf den Boden schaute, sah ich grüne Glasscherben auf dem Rasen, an denen sich Tiere verletzen konnten. Ich hob die Scherben auf und brachte sie zum nächsten Mülleimer, der ziemlich weit weg war. Es dauerte über zwanzig Minuten, bis ich alle Scherben aufgelesen hatte, während ich die Rufe von Leuten aus vorbeifahrenden Autos und Hupen ertragen musste, als würde ich was völlig Verrücktes tun. Ich lächelte nur und machte weiter, ohne sie zu verurteilen.

Schließlich hatte ich die letzten Scherben entsorgt. Als ich mich zu einem hübschen Kirschbaum umdrehte, war ich total überrascht, einen Kobold zu sehen, der vor meinen Augen auftauchte! Er war ganz in Grün gekleidet, – sogar Hut und Weste waren grün – und ungefähr einen Meter groß. Er nickte mir wissend zu und verschwand so schnell, wie er gekommen war. Plötzlich wurde mir klar, dass er mir Anerkennung für meine Tat gezollt hatte.

Die Erde braucht Sie!

Die Gnome bieten uns einen Ort, den wir unser Zuhause nennen können. Leider ist ihre Aufgabe heutzutage ein undankbarer und schwieriger Job. Weil wir das Land durch industrielle Landwirtschaft ausbeuten, Pestizide und andere Chemikalien verwenden und den Boden seiner Mineralien berauben, müssen sie heute schwerer als je zuvor arbeiten. Sie brauchen Ihre Hilfe!

Übung: Die Unterstützung der Gnome

Wenn Sie das Bedürfnis haben, den Wächtern der Erde zu helfen, können Sie zahlreiche Zauberformeln anwenden.

- Beginnen Sie immer, indem Sie eine braune, grüne oder schwarze Kerze anzünden, während Sie gen Norden schauen.
- Lassen Sie Ihre Fantasie walten, während Sie sich eine Erde vorstellen, die frei von Pestiziden und Chemikalien ist. Visualisieren Sie eine fruchtbare und nährreiche Erde. Sehen Sie gesunde Blumen, Pflanzen und Bäume, die üppig wachsen.

Vergessen Sie nicht: Alles, was Sie sich vorstellen, geschieht sofort in der ätherischen Welt. Durch weitere Konzentration manifestiert es sich irgendwann in unserer physikalischen Dimension. Also weiter so!

***

Verbringen Sie Zeit im Wald und auf Wiesen, um sich auf die Erdfeen einzustellen, und bitten Sie aus Respekt für die magischen Wesen, die dort leben, immer erst um Erlaubnis, bevor Sie eintreten. Suchen Sie dann ganz bewusst nach Dingen, bei denen die Geister der Erde Ihre Hilfe brauchen könnten.

Wenn Sie nicht schon zuhause und auf der Arbeit Müll wiederverwerten, dann beschäftigen Sie sich damit. Ermutigen Sie andere dazu, es Ihnen gleich zu tun. Ziehen Sie, wenn möglich, Ihr eigenes Gemüse und Salate oder kaufen Sie Bioprodukte. Kümmern Sie sich um die Wildtiere dieser Erde, indem Sie ihnen Futter hinstellen. Bauen Sie Unterkünfte für Igel und sorgen Sie dafür, dass Ihre Umgebung »elemental-«freundlich ist. Gnome sind für jede Hilfe dankbar.

Zusammenfassung

- Die Erde ist unser Zuhause; sie bietet uns Schutz und Sicherheit.
- Gnome sind für die Versorgung der Erde zuständig.
- Zwerge, Kobolde und Elfen gehören den Erdfeen an.
- Steinbock, Stier und Jungfrau sind die Erdmenschen unter den Sternzeichen.
- Wenn Sie einen Feengarten einrichten, lockt er Feen an.
- Blumenfeen werden bestimmten Blumenarten zugeordnet.
- Blumen haben ihre eigenen magischen Eigenschaften.
- Bäume sind Hüter des Planeten, und wir können ihre Ressourcen nutzen.
- Unfug-stiftende Feen führen uns womöglich in die Irre.
- Erdfeen können verlorene Gegenstände wiederbringen, wenn man sie darum bittet.
- Die Jahreszeit Winter ist in magischer Hinsicht mit dem Element Erde verbunden.
- Wir können die Erdfeen unterstützen, indem wir Müll recyclen, Bioprodukte kaufen und Wildtiere schützen.

Kapitel 4
Feen der Luft

Luft erhält uns am Leben. Sie bringt uns dazu, tief einzuatmen, und reguliert Bewegung und Stillstand. Die Kraft der Luft weht durch unsere Fantasie. Sie inspiriert uns und drängt uns dazu, zu glauben, dass unsere Visionen real werden können. Denn die Fantasie ist das Tor zur Magie.

Die Feen der Luft sind die Zauberwesen, die unsere Fantasie antreiben. Umrisse am Himmel, kräftige Farben, wenn wir die Augen schließen, sowie sich wiederholende Zeichen und Symbole sind Bestätigungen ihrer Botschaften.

Luft bringt neues Leben, neue Möglichkeiten. Sie zeigt sich in den vier Winden, die unsere Gedanken und Träume tragen und sie zu einer mächtigen Visualisierung und Konzentration verbinden. Luft bläst uns in die Richtung neuer Anfänge. Also gehen Sie Risiken ein und vertrauen Sie Ihren Visionen, während sie real werden…

Die Magie der Luft

- Jahreszeit: Frühling
- Himmelsrichtung: Osten
- Magische Zeit: Morgengrauen
- Kerzenfarbe: gelb
- Elemental: Sylphe
- Sternzeichen: Wassermann, Zwilling und Waage

Die Magie der Luft regt die Geisteskraft an; sie stärkt den Verstand und bewirkt mentale Klarheit. Halten Sie sich an die Geister der Luft, um Ihre Kreativität und die Fähigkeit zu meditieren zu verbessern und Ihren Geist anzuregen, während Sie

Räucherstäbchen und eine gelbe Kerze anzünden und sich Richtung Osten zuwenden, um einen neuen Tag willkommen zu heißen.

Sylphen

Sylphen sind die Wächter der Luft. Sie sind die Elementale, mit denen man sich am leichtesten verbinden kann. Das tun wir auf ganz natürliche Weise, indem wir die Luft in unserem Umfeld einatmen.

Die Aufgabe der Sylphen ist es, die Luft sauber und von Luftverschmutzung rein zu halten. In physikalischer Gestalt sind es Feen, die man als winzige Lichtpünktchen, die in der Luft tanzen und sich drehen, deutlich erkennen kann. Sie wirken durch Gase und den Äther der Erde und sind den Menschen wohlgesonnen – vor allem Menschen, die gerne Kommunikation, Kreativität oder die darstellenden Künste für ihren Lebenssinn nutzen. Solche Leute haben einen guten Draht zu den Sylphen, den Hütern der Inspiration und Kreativität. Auch helfen sie uns, wenn wir uns mithilfe der Meditation auf geistige Reisen begeben und uns mit der Astralwelt verbinden.

Sylphen wecken geistige Fähigkeiten. Wenn sie darum gebeten werden, helfen sie beim kreativen Schreiben, Dichten und sogar bei Prüfungen. Sie ermutigen uns zu Wünschen und hochfliegenden Träumen. Aber sie lassen uns nicht an dieser Stelle aufhören, sondern drängen uns, aktiv zu werden und unsere Ziele zu verfolgen, und sie können uns helfen, Erfolg zu haben. Sie sorgen dafür, dass sich zum richtigen Zeitpunkt die richtigen Türen öffnen und wir den Menschen begegnen, die uns bei der Umsetzung unserer Träume helfen können.

Übung: Sylphen sehen

- Schauen Sie zum Himmel.
- Konzentrieren Sie sich auf den Punkt direkt vor oder über Ihnen. (Möglicherweise müssen Sie den Fokus leicht verändern, wenn Sie Ihre Vision aus der Ferne zurückholen.) Sie werden winzige Lichtpünktchen in der Luft tanzen sehen. Das ist die Lichtenergie der Sylphen.

Diese Übung ist immer dann möglich, wenn Sie den Himmel sehen können. Ich habe die Sylphen schon oft vom Fenstersitz in einem Flugzeug aus gesehen, während sie die Maschine auf den Luftmolekülen durch den Himmel tragen. Es ist ein tröstlicher Anblick, und wenn Sie das tun, stärkt das Ihre Verbindung zu und Dankbarkeit für die Sylphen. Es wird Sie daran erinnern, dass sie immer bei uns sind und uns unterstützen.

***

Sternzeichen: Menschen der Luft

Luftmenschen der Sternzeichen Wassermann, Zwilling und Waage sind von Natur aus kreativ. Sie sind die Dichter oder Schriftsteller, die Künstler und Träumer. Luftmenschen wird häufig nachgesagt, sie würden herumsitzen und Tagträumen nachhängen, statt sich der Realität zu stellen, und sie würden lieber die Nase in ein gutes Buch stecken, statt draußen zu schuften. Menschen, die unter den Erdzeichen geboren wurden, könnten ihnen ein paar Dinge näherbringen. Auch könnten sie den Luftmenschen helfen, etwas geerdeter zu werden.

Luftmenschen lieben das Reisen. Oft fällt es ihnen schwer, stillzusitzen, und sie lieben Extremsport, wie beispielsweise Fallschirmspringen. Sie mögen es, wenn ihnen der Wind um die Nase bläst. Ich frage mich, wie viele von ihnen wohl Karriere in der Air Force gemacht haben?

Wie manche Luftmenschen feststellen, basiert ihre Beziehung zu den Sylphen auf der Kunst der Kommunikation. Diese Elementale inspirieren sie dazu, zu singen, ein Musikinstrument zu spielen oder ihre angeborene Begabung als Redner oder Lehrer zu nutzen.

Welche Gabe oder Sehnsucht Sie auch haben – wenn Sie vom Element Luft geleitet werden, können Sie sicher sein, dass es die Sylphen sind, die mit Ihnen kommunizieren und Sie inspirieren. Eine Vorliebe für das Element Luft heißt auch, dass Sie gerne draußen in der Natur sind und mit der Brise verschmelzen.

Dieses Element hat die höchste Schwingungsrate. Deswegen fühlen wir alle uns besser, wenn wir ein paar rasche Schritte tun, Seeluft einatmen oder einfach nur im Freien sitzen. Das Einatmen der Luft nährt den Körper und erfrischt den Geist. Es lässt sich auf einer ätherischen Ebene nutzen, um »die Spinnweben weg zu pusten«, das heißt, es eliminiert sämtliche negativen Aspekte, die Ihnen vielleicht auf der Seele liegen.

Die vier Winde

Sylphen lieben Bewegung. Sie sind Wesen der Grazie und des Gleichgewichts. Die Winde sind ihr Fortbewegungsmittel. Doch wie die Winde selbst können sie vergänglich und schwankend sein. Bei der elementalen Magie kommen die vier Winde aus den vier Himmelsrichtungen und sind mit den vier Jahreszeiten verknüpft. Diese Verbindung funktioniert perfekt für Zauberformeln und Wettervorhersagen:

Norden	Winter	Boreas Eises-kälte	Bringt eisigen Regen, Schnee	Verbannung, Vervollständigung, Sicherheit
Osten	Frühling	Eurus	Bringt leichte Schauer	Fruchtbarkeit, Neuanfänge, Wachstum
Süden	Sommer	Notus	Wärme, sanfte Brisen	Liebe, Leidenschaft, Beziehungen
Westen	Herbst	Zephyr	Feuchtigkeit, starken, kalten Regen	Übersinnliche Fähigkeiten, Träume, Gefühle

Übung: Der Weg der Winde

Die Fähigkeit, jeden Wind und seine Himmelsrichtung zu identifizieren, ist ein tolles Hilfsmittel bei der Arbeit mit der elementalen Magie. Wir können sie nutzen, um mit allen Winden zu arbeiten und die Richtung zu bestimmen, in der die Sylphen fliegen sollen.

- Sie brauchen dazu nur eine klare Vorstellung davon, an welchen Wind Sie sich wenden wollen. Dann stellen Sie sich in diese Himmelsrichtung und blasen Sie.
- Dabei werden Sie eine Veränderung im Wind feststellen, während die Sylphen ihre Richtung ändern.
- Spielen Sie mit den Sylphen und amüsieren Sie sich. Nehmen Sie die Veränderungen des Windes bewusst wahr und spüren Sie, wie sie sich anfühlen.

Es ist eine tolle Methode, um sich mit den Wegen der Winde vertraut zu machen. Schon bald werden Sie den jeweiligen Wind instinktiv erkennen, sobald Sie nach draußen gehen.

***

An einem Nachmittag bemerkte ich ein Stück Papier, das im Wind umherflatterte. Da ich es nicht mag, wenn Müll herumliegt, ging ich hin, um es aufzuheben, als es auf der Erde landete. Doch als ich danach greifen wollte, hob der Wind es hoch und trug es weg. Dieses Fangspiel dauerte eine ganze Weile, und ich merkte, dass die Sylphen sich einen Spaß daraus machten, mir das Papier immer wieder zu entreißen. Irgendwann landete es und blieb liegen. Als ich es aufhob, enthüllte es ein glänzendes Armband im Gras, das mit Edelsteinen bestückt war. Die Sylphen hatten mich wahrlich reichlich belohnt.

Übung: Luftzauber

Das Element Luft ist eine projektive Energie, die negative Aspekte in Ihrem Leben entfernen und Ihre Begabungen fördern kann. Was auch immer Sie sich wünschen – die Sylphen werden Sie in die richtige Richtung schicken. Sie lassen sich über jeden der vier Winde rufen.

Rufen Sie einen Wind herbei, der Ihnen in einer bestimmten Situation je nach seiner Aufgabe helfen soll:

Boreas

- Stellen Sie sich mit dem Gesicht in Richtung Norden hin und sagen Sie:

  »Boreas, Wind des Regens und der Schneeschauer,
  friere alles ein, was auf Dauer verschwinden muss!«

- Atmen Sie tief ein und aus, während Boreas um Sie herum bläst und alles einfriert, was aus Ihrem Leben entfernt werden muss, damit Sie weiterkommen.

Euros

- Stellen Sie sich in Richtung Osten und sagen Sie:

»Euros, Wind des Frühlings und der Schauer,

segne mich mit neuen fruchtbaren Fähigkeiten.«

- Atmen Sie tief ein und aus, während Euros über Sie hinwegfegt und eine fruchtbare Phase der Neuanfänge einläutet.

Notus

- Stellen Sie sich in Richtung Süden und sagen Sie:

»Notus, Wind der Wärme und der Sonne,

»Zeig mir den Einen, bring mir Liebeswonne.«

- Atmen Sie tief ein und aus, während Notus sanft Ihr Gesicht streichelt und neue Leidenschaft in Ihre Beziehung bringt.

Zephyr

- Stellen Sie sich in Richtung Westen und sagen Sie:

»Zephyr, Wind des Nebels und des Regens,

heile meine Seelenschmerzen.«

- Atmen Sie tief ein und aus, während Zephyr durch Ihre gesamte Seele fegt, Blockaden auflöst und den Weg für das Loslassen von Emotionen freimacht.

***

Federn

Die Sylphen bringen uns ihre Botschaften nicht nur auf flüsternden Brisen, sondern auch Zeichen in Form von Wolken und Geschenken in Form von Federn.

Federn, die auf dem Boden liegen oder herabschweben, gelt als ein gutes Omen. Sie sind nicht nur Botschaften von Engeln, sondern auch von Sylphen – ein Geschenk der Natur.

Die Bedeutungen von Feenfedern

Wie der Kundschafter der Feen weiß, hat jede Federnart ihre eigene spirituelle Bedeutung, die er für seine Magie nutzen kann:

- *Kondor* Visionen, Unabhängigkeit, Einfühlsamkeit, Führungsstärke, Tod und Wiedergeburt, Inspiration und Kreativität
- *Kräh:* Tod und Wiedergeburt, Übergang, Magie, Aufmerksamkeit, Aufrichtigkeit, Macht und Gleichgewicht von Hell und Dunkel. Sie fördert die Fähigkeit, zwischen den Welten hin und her zu wechseln.
- *Taube* Liebe, Güte und Frieden
- *Adler* Stärke, Mut, Führungsstärke und Prestige. Der Adler gilt als heiliger Vogel und es ist eine große Ehre, eine seiner Federn geschenkt zu bekommen.
- *Falke* Seelenheilung, Geschwindigkeit und Bewegung
- *Gans* Fantasie, das gesamte Potenzial, Loyalität, Schutz, Intuition, Mut, Teamarbeit und Kameraderie
- Falke Beschützerinstinkt, erhöhte Spiritualität, Freiheit und Stärke
- *Eule* Weisheit, die Fähigkeit, Situationen klar zu erkennen

- *Pfau* Reisen, Heilung, Reinheit und Glück. Zerstreuung von Ignoranz oder Finsternis
- *Rabe* Magie, Wiedergeburt, Erholung, Erneuerung, Reflexion. Fördert den sanften Übergang.
- *Schwan* Wandel, Anmut, Gleichgewicht, Reinheit, Schönheit, Eleganz und Traumdeutung
- *Truthahn* Überfluss, Stolz, Erdverbundenheit, Teilen und Fruchtbarkeit

Wenn eine Feder unerwartet auf Ihrem Weg auftaucht, dann setzen Sie sich daneben und bitten Sie in Gedanken den Vogel, Ihnen zu zeigen, welche Bedeutung sie für Sie hat.

Tipp des Feendoktor

Wenn man mit einer Feder über und durch die Aura eines Menschen streicht, empfängt er die spirituellen Energien des Vogels, von dem die Feder stammt.
Lassen Sie die Medizin der Federn mit den Eigenschaften, die Sie für Höhenflüge brauchen, sanft durch Ihr Energiefeld ziehen.

Übung: Der Federwunsch

- Gehen Sie hinaus in die Natur und suchen Sie eine Feder, die ein Vogel hinterlassen hat.
- Stellen Sie sich im Morgengrauen in Richtung Osten, zünden Sie eine gelbe Kerze an und sagen Sie:

»Ich wünsch mir was, spreche einen Zauber aus.
Der Feenzauber hat eine starke Macht.
Ich schwöre, mich an die Regeln der Dreifaltigkeit zu halten.

Nun fallen die Gaben noch üppiger aus.
Dieser Zauber wirkt, ohne dass jemand Schaden nimmt.
So soll es sein – es ist vollbracht.«

- Tränken Sie nun die Feder mit Ihren Wünschen und zielen und werfen Sie sie dann Richtung Osten, damit die Sylphen sie aufheben und durch die Lüfte tragen, um Ihre Wünsche wahr werden zu lassen.
- Blasen Sie die Kerze aus und danken Sie den Sylphen, indem Sie die Vögel füttern.

Übung: Meditation der Frühlingssylphen

Der Frühling ist da! Zeit für Neuanfänge. Suchen Sie sich einen stillen Ort, an dem Sie sich vorzugsweise draußen in der Natur in Richtung Osten hinsetzen. Zünden Sie eine gelbe Kerze an und holen Sie drei tiefe, magische Atemzüge.

Stärken Sie die Kraft Ihres Atems, während Sie in die flackernde Flamme schauen, und nehmen Sie die Luft um sich herum bewusst wahr.

Spüren Sie, wie sich Ihr Herz weitet, während es sich mit der Energie der Sylphen füllt.

Atmen Sie sie ein und aus. Spüren Sie, wie sich die Verbindung zu den Feen der Luft aufbaut.

Wenn die Verbindung stärker wird, werden Sie allmählich die Umrisse der Sylphen erkennen. Sie zeichnen sich in der Hoffnung, dass jemand sie erkennt, als Botschaften in den Wolken ab. Die Sylphen blasen ihre Botschaften auch durch das Laub der Bäume, in der Hoffnung, dass jemand zuhört, und sie arbeiten hart daran, die Luft zu reinigen und uns am Leben zu erhalten.

Und schlagartig wird Ihnen klar, dass Sie schon die ganze Zeit von Sylphen umgeben waren.

Beobachten Sie, wie sich der gelbgoldene Atem vor Ihnen ausdehnt, während Sie weiter tief ein- und ausatmen. Sehen oder fühlen Sie, wie sich eine Gruppe von Sylphen dazu gesellt, die diese Energie der neuen Reinheit durch die Landschaft, Städte, Meere und die ganze Welt begleitet.

Lassen Sie zu, dass die Sylphen sie zur Reinigung, Klärung und Heilung der Luft unseres Planeten nutzen. Beim Zusehen erklingt lieblicher Gesang um Sie herum:

»Atme mit aller Kraft ein
und blase den Atem in die Luft,
schau zu, wie er über die Bäume strömt, so hoch hinauf,
er macht unseren heiligen Himmel rein.
Dir wird mehr geholfen, als du weißt.
Wir erfüllen dir einen Wunsch, bevor du dich versiehst.«

Während eine magische Energie Sie einhüllt, ermutigen die Sylphen Sie, Ihre Träume umzusetzen und nach den Sternen zu greifen. Sie stehen bereit, Sie dabei zu unterstützen, da die Hilfe, die Sie ihnen mit voller Überzeugung gegeben haben, Ihre positiven Gedanken und Absichten zeigt.

Freuen Sie sich über die Magie, die Sie durch Ihre Großzügigkeit und Mühe freigelegt haben. Die Feen der Luft fordern Sie dazu auf, sich an dem Wunder Ihres Wesens zu erfreuen. Sie erinnern Sie daran, dass sich überall und in allem Zauber findet. Entdecken Sie ihn! Nehmen Sie jeden kostbaren Augenblick bewusst wahr im Wissen, dass Sie absolut gesegnet sind und es immer sein werden, während Sie die Feenwelt mit Ihrer eigenen Magie unterstützen.

***

Zusammenarbeit mit den Feen der Luft

Wenn Sie dafür sorgen möchten, dass die Gaben der Sylphen der Welt zur Verfügung stehen, sollten Sie die Sylphen regelmäßig rufen und das Element der Luft in Ihr Leben einbauen. Sprechen Sie mit den Sylphen, wenn Sie sich mit der Brise verbinden, und lauschen Sie den Antworten, die Ihnen durch Ihre Gedanken kommen, oder nehmen Sie die Zeichen wahr, die die Sylphen Ihnen als Bestätigung Ihrer Verbundenheit senden, so wie mir an einem frostigen Wintermorgen. Damals suchte ich an einem sonnigen, aber klirrend kalten Tag mein Lieblingsplätzchen draußen in der Natur auf. Der Himmel war wolkenlos, und der See war zugefroren. Ich setzte mich auf eine ziemlich kalte Holzbank ans Ufer, umgeben von kahlen, hohen Bäumen.

Während ich in der Wintersonne badete, schloss ich die Augen und konzentrierte mich auf meinen Atem. Wie ich feststellte, kam die Brise aus südlicher Richtung, und so öffnete ich den Sylphen mein Herzchakra.

Vor meinem geistigen Auge sah ich, wie die Feen der Luft die Liebe empfingen, die ich ihnen beim Ausatmen schickte. Beim Einatmen stellte ich mir vor, wie ich ihre Liebe wieder einsog und sich mein Herz damit füllte. Das ging eine ganze Weile so – ich sendete meine Liebe beim Ausatmen an die Sylphen und atmete ihre Liebe ein.

Als ich bereit war, die Augen wieder zu öffnen, blickte ich hoch. Am Himmel war ein kleines Flugzeug aufgetaucht, das direkt über mir Kunstflüge zu veranstalten schien. Innerhalb weniger

Sekunden verschwand es wieder, doch es hinterließ ein weißes Herz aus Watte am blauen Winterhimmel.

Ich schnappte nach Luft, als mir bewusst wurde, dass die Sylphen mir ein Zeichen als Bestätigung dafür, dass unsere gegenseitige Liebe ganz real war, geschickt hatten. Unmittelbar wurde mir klar, dass mit ihrer Liebe und Hilfe alles möglich ist.

Die Luft braucht Sie!

Die Sylphen reinigen die Luft. Ohne diese Feen könnten wir nicht existieren. Sie erhalten uns am Leben. Unglücklicherweise wird ihnen die Arbeit dadurch erschwert, dass die Luftverschmutzung ständig zunimmt. Vor der industriellen Revolution war ihre Aufgabe eine viel leichtere, doch seitdem mühen sie sich ab, die Luftverpestung zu beseitigen, die durch Auto- und Fabrikabgase, Methangas und sogar Explosionen in Atomkraftwerken entsteht!

Wie oft haben Sie schon die Aktivitäten oder Aufgaben dieser Zauberwesen wahrgenommen? Stellen Sie sich für einen Augenblick vor, wie anstrengend es für sie ist, täglich gegen die von Menschen verursachte Luftverschmutzung auf der ganzen Erde anzukämpfen. Es ist an der Zeit, Ihre Verbundenheit zu ihnen wiederherzustellen und ihnen etwas zurückzugeben. Die Verantwortung zu übernehmen, selbst ein Hüter der Luft zu werden und unsere Feenfreunde zu unterstützen.

Übung: Hilfe für die Sylphen

- Wenn Sie sich dazu berufen fühlen, den Sylphen zu helfen, dann stellen Sie sich in Richtung Osten hin und zünden Sie eine gelbe Kerze an.
- Stellen Sie sich dann ein himmlisches weißes Licht vor, das sich am Himmel ausbreitet, Rauch, Smog und Luftverschmutzung entfernt und die Luft reinigt.

Vergessen Sie nicht: Was auch immer wir uns vorstellen, wird in der ätherischen Welt gesehen und angegangen; es kann sich daher irgendwann auf unserer Welt manifestieren.

***

Gehen Sie in den Hügeln spazieren und spüren Sie, wie der Wind durch Ihr Haar bläst, um sich auf die Luftwesen einzustellen. Setzen Sie sich auf einen Hügel und spielen Sie ein Blasinstrument wie beispielsweise Flöte. Sehen Sie den Wolken zu, wie sie ihre Form verändern, oder suchen Sie Federn. Bringen Sie Musik, Tanz und Gesang in Ihr Leben.

Wenn es Ihnen noch nicht bewusst ist, sollten Sie sich klarmachen, was tatsächlich in die Atmosphäre gepustet wird. Finden Sie heraus, welche Chemikalien, die Sie verwenden, die Luft und auch die Ozonschicht verschmutzen, und ersetzen Sie sie durch umweltfreundlichere Produkte. Fordern Sie andere dazu auf, das Gleiche zu tun. Vielleicht möchten Sie ja einen Naturschutzverein unterstützen, beispielsweise einen Vogelschutzbund.

Wenn Sie die Sylphen anziehen, werden Sie feststellen, dass Sie in vielerlei Hinsicht Heilung erleben und sich Ihnen eine ganz neue Welt der Kreativität, Chancen und Inspirationen eröffnet.

Zusammenfassung:

- Das Element Luft bringt uns Klarheit und fördert die Kreativität, Fantasie und die Fähigkeit zu meditieren.
- Sylphen sind für die Reinigung der Luft, die wir atmen, verantwortlich.
- Sie lassen sich als winzige Lichtpünktchen am Himmel erkennen.
- Sie können unsere geistigen Fähigkeiten, wie beispielsweise die Erinnerungsfähigkeit, stärken.
- Wassermann, Zwilling und Waage sind die Luftzeichen unter den Sternzeichen.
- Die vier Winde der vier Himmelsrichtungen sind die Transportmittel der Sylphen.
- Federn sind Botschaften der Sylphen und haben eine besondere Bedeutung für die Arbeit mit der Magie.
- In magischer Hinsicht besteht eine Verbindung zwischen der Jahreszeit Frühling und dem Element Luft.
- Nehmen Sie durch Gesang, Tanz, Spaziergänge in den Bergen oder Hügeln und das Füttern der Vögel Verbindung zu den Feen der Luft auf.

Kapitel 5
Die Feen des Feuers

Ruf die Feen des Feuers, sie helfen,
neuen Mut zu schöpfen und all deine Wünsche zu erfüllen.
Die Essenz des Feuers wird deine Ängste und Nöte verzehren
und heute Nacht die Flammen der Leidenschaft entfachen!

Kundschafter der Feen haben eine starke Vorliebe für das Element Feuer, da sie die Kraft der Flamme für Feenzauber und -rituale spüren. Die Flamme ist die Verkörperung von Feuer; sie bleibt durch den Schleier zwischen unserer Welt und der Feenwelt sichtbar.

Die Magie des Feuers

- Jahreszeit Sommer
- Himmelsrichtung Süden
- Magische Zeit Mittag
- Kerzenfarbe rot
- Elemental Salamander
- Sternzeichen Widder, Löwe und Schütze

Die Magie des Feuers bewirkt Lust, Leidenschaft, Anziehungskraft, Erleuchtung, Liebe, Sex, Sonne, Wärme und innere Stärke. Feuer ist eine antreibende Energie, die uns dazu bringt, uns vorwärts zu bewegen; auch gewährt sie Schutz und bringt Verwandlung. Die motivierende Kraft des Feuers entfacht die innere Flamme der Leidenschaft erneut und stärkt unsere Fähigkeit, mit ganzer Kraft, Vitalität und Elan in unserem wahren Licht zu strahlen und wieder die Regie über unser Leben zu übernehmen. Die

Arbeit mit dem Element Feuer erleichtert es uns, negative Gedanken und Handlungen aufzugeben. Dies erreichen wir, indem wir uns vorstellen, wie ätherische Flammen lodern und die innere Finsternis verschlucken.

Lassen Sie zu, dass alle düsteren Zweifel und Befürchtungen von der Kraft der Feuerenergie beseitigt werden.

Salamander

Salamander sehen aus wie rote, orangefarbene und gelbe Eidechsen und nehmen die Gestalt von Flammen an – ohne sie kann es kein Feuer geben! Sie leben so lange in der ätherischen Welt, bis sie durch ein Streichholz, Feuerzeug oder einen elektrischen Anzünder in die irdische Existenz gerufen werden. Ich finde die Tatsache, dass Feuer in unserer Welt nicht gesehen oder gefühlt werden kann, ohne es physikalisch hier zu entfachen, faszinierend und toll.

Mitunter wundern Sie sich vielleicht, warum ein Feuer ausgeht oder ein Streichholz sich nicht anzünden lässt. Möglicherweise haben Sie dann die Hüter des Feuers nicht um ihre Bereitschaft und Präsenz gebeten. Manchmal müssen sie sanft überzeugt werden. Die Hüter der Flammen zu ehren und zu besänftigen ist eine äußerst sensible Angelegenheit. Wenn Sie möchten, dass sie erscheinen, oder wenn Sie vor der zerstörerischen Wirkung des Feuers beschützt werden wollen, dann sollten Sie die Salamander mit angemessenem Respekt behandeln. Schließlich haben sie die Macht über das Feuer! Bedanken Sie sich oder machen Sie ihnen ein kleines Geschenk, wie beispielsweise einen leuchtend orangefarbenen Karneol, als Anerkennung des Lichts und der Wärme, die sie in unsere physikalische Welt bringen.

Salamander sind wohl die am wenigsten bekannten und vermutlich die gefürchtetsten unter den vier elementalen Hütern. Der

Grund dafür könnten Todeserfahrungen in früheren Leben durch Verbrennen oder die Wirkung des Feuers sein. In Wahrheit hat jedoch jedes Element seine guten und seine Schattenseiten.

Was Salamander betrifft, so fühlten sich unsere Vorfahren eng mit diesen magischen Wesen verbunden, wenn sie sich abends ums Feuer versammelten, sich über den vergangenen Tag austauschten und sich alte Mythen und Legenden erzählten. Sie streuten Weihrauch oder Kräuter ins Feuer, um die Geister zu ehren, die so fleißig die Flammen am Leben erhielten, und ihnen zu danken.

Salamander sind auch die Wesen, die entscheiden, ob ein Vulkan schlummert oder ausbricht, und sie können jederzeit in Form von Blitzen zuschlagen. Ihre elektrischen Gegenstücke sind weiß, lila und hellblau. Immer, wenn wir ein Elektrogerät benutzen, kommunizieren und arbeiten wir mit Salamandern zusammen!

Weitere Feuerfeen

Weitere Elementale des Feuers sind beispielsweise die kleineren Feuergeister und Dschinn.

Die Feuergeister treiben Anziehungskraft und Verlangen an. Man kann sie darum bitten, die spirituelle Kundalini-Energie zu erwecken, die oft in uns schlummert.

Dschinn sind arabische Wüstenfeen. Der Koran beschreibt diese Naturgeister als Wesen aus rauchfreiem, versengendem Feuer. Sie können in Windeseile große Entfernungen zurücklegen – so schnell wie ein wütendes Buschfeuer! Die Königin von Saba soll eine Wüstenfee dazu gebracht haben, sie in Windeseile von Afrika nach Israel zu befördern, wo sie den weisen König Salomon aufsuchte.

Feuerzeichen

Menschen, die unter den Feuerzeichen Widder, Löwe oder Schütze geboren sind, ist Wärme ganz wichtig, und am liebsten liegen sie in der Sonne, machen Urlaub in einem heißen Klima und essen scharfe Speisen. Sie übernehmen auch gerne die Kontrolle über eine Situation oder andere Menschen. Sie mögen es, im Zentrum zu stehen, und übernehmen bei Theaterstücken, Präsentationen und sogar dramatischen Krisen oft die Führung. Sie stehen gern im Rampenlicht, und die Salamander verhelfen ihnen zu einem strahlenden Auftritt.

Mitunter wird Feuerzeichen nachgesagt, sie seien Hitzköpfe. Aber in Wahrheit sind es Menschen mit einem starken Antrieb und Selbstvertrauen. Sie können jedoch von der Zusammenarbeit mit sensibleren Elementalen profitieren – beispielsweise den Wasserzeichen. Das Element Wasser ist für einen Feuermenschen hilfreich, um eine bestimmte Situation aus einer anderen Perspektive zu betrachten oder mit einem anderen mitzufühlen. Elementale erscheinen immer dann, wenn Sie zur Zusammenarbeit mit ihnen bereit sind. Als Waage, einem Luftzeichen, achte ich immer auf Fairness und Gerechtigkeit, und ich fühle mich am wohlsten, wenn alles harmonisch ist. Ich war schon immer eine Träumerin und bin von Natur aus eine Sängerin, Schriftstellerin und Performerin. Doch früher fehlten mir der nötige Antrieb und das Selbstvertrauen, um die »Stimme« der Elementale sein zu können. Dann besuchte mich eines Nachts ein leuchtend rot-orangener Salamander im Traum. Er hockte sich auf mein Sonnengeflecht und rührte sich nicht mehr von der Stelle. Selbst am anderen Morgen spürte ich ihn noch und wusste, dass er so lange bleiben würde, bis ich das Element Feuer nicht länger aus dem Weg ging, sondern es von ganzem Herzen akzeptierte. Meine erste Prüfung der Feuerfeen war der plötzliche überwältigende Wunsch, mein schönes langes blondes Haar feuerrot zu färben! Dies tat ich spontan und redete mir ein, ich würde es nicht bereuen. Und ich bereute es nicht – bis zu dem Tag, an dem ich erfuhr, dass ich den Färbevorgang nicht mehr rückgängig machen konnte. (Dies wurde seitdem von den Elementen Wasser und Feuer korrigiert.)

Mit roten Haaren stellte ich fest, dass meine Energie immer stärker wurde. Ich bekam mehr Selbstvertrauen, und andere Leute reagierten plötzlich anders auf mich. Ich wurde mit mehr Respekt behandelt und fand heraus, dass manche Menschen mir sogar aus dem Weg gingen, weil sie mich für einen rothaarigen Hitzkopf hielten! Meine Liebe zu meiner Arbeit schäumte über, und ich wollte unbedingt die Zusammenarbeit mit den Salamandern und dem Element Feuer noch ausweiten.

Schon bald entwickelte ich eine echte Leidenschaft für Salamander, und sie verführten mich dazu, eine Feuerlauftrainerin zu werden. Feuerlaufen ist, mit nackten Sohlen über heiße Kohlen zu laufen. Es ist eine intensive Erfahrung der persönlichen Transformation, die einen stärker macht.

Ich setzte mich der Kälte und Nässe eines schottischen Herbsts aus, während ich nach Brennholz suchte, Feuer machte und mich mit dem Auslegen von glühenden Kohlen vertraut machte. Am allerletzten Abend meines Aufenthalts zündete ich ein großes Feuer an und legte einen acht Meter langen Weg aus glühend heißen Holzscheiten aus. Im Licht des Vollmonds betrat ich splitterfasernackt die heißen Kohlen und ging auf mein Schicksal zu. Ich ließ alle Zweifel und Ängste hinter mir.

Im Jahr darauf lernte ich Ed McGaa Eagle Man, den großen Lehrmeister der Lakota-Indianer, kennen, der mir meinen spirituellen Namen Red Spirit Woman gab, während wir in der heißen Energie der Salamander gemeinsam an einer Schwitzhütte arbeiteten. Salamander haben mir Mut gemacht und meinen Schicksalsweg von innen heraus erleuchtet; sie haben mir die Kraft und Leidenschaft gegeben, die ich für meine – und ihre – Arbeit brauche. Mögen sie auch Ihnen alles geben, was Sie brauchen, um im Leben weiterzukommen.

Übung: Salamanderzeremonie zum Loslassen von Ängsten

- Nehmen Sie ein Stück Papier und reißen Sie es in kleine Stücke.
- Schreiben Sie nun auf jeden Schnipsel ein Wort, das für etwas steht, was Sie aus Ihrem Leben entfernen möchten, wie beispielsweise »Wut«, »Eifersucht«, »Depressionen« oder eine bestimmte Situation oder Person.
- Nehmen Sie eine rote Kerze und eine tiefe Schüssel und stellen Sie sich in Richtung Süden hin (oder stellen Sie sich ins Freie, so dass die Sonne direkt über Ihnen steht).
- Zünden Sie die Kerze an, stellen Sie sie vor sich auf und sagen Sie:

»Salamander, ich rufe euch zusammen,
damit ihr alles in meinem Leben löscht, was nicht echt ist.
Verzehrt meine Schuld, Angst und Selbstvorwürfe,
verbrennt sie in euren hellen Sonnenflammen!«

- Nehmen Sie nun hintereinander jeden Papierschnipsel zur Hand und konzentrieren Sie sich auf das Flackern des goldorangenen Lichts auf der roten Wachskerze.
- Halten Sie die Papierschnipsel in die Flamme, ohne sich die Finger zu verbrennen, während die Salamander alles Negative in Ihrem Leben durch die Kraft des Feuers

umwandeln. (Achten Sie darauf, dies mit Sorgfalt und Vorsicht zu tun.)

- Lassen Sie die brennenden Überreste in die tiefe Schüssel fallen, wo sie gelöscht werden.
- Blasen Sie die Kerze aus, wenn Sie fertig sind, und sagen Sie:

»Im Schutz des Feuers der Salamander
Schöpfe ich neuen Mut und Kraft.
Neue Wünsche werden wahr.«

***

Die Magie der Kerze

Menschen, die mit Magie arbeiten, haben eine tiefe Zuneigung zu Salamandern, da sie diese elementalen Wesen in der Kerzenflamme, die sie für ihre Zauber verwenden, erkennen können. Eine brennende Kerze ist in der geistigen Welt sichtbar; deswegen zünden wir auch Kerzen für Verstorbene an. Das nächste Mal, wenn Sie dies tun, können Sie sicher sein, dass der geliebte Verstorbene das Kerzenlicht tatsächlich sehen kann! Doch ohne die Hilfe der Salamander können wir diese Verbindung nicht herstellen.

Kerzen beleuchten auch den Weg der Feen und entfachen einen Funken innerer Weisheit. Wenn wir in eine heilige Flamme schauen, wissen wir, dass unser Seelenfunke unsterblich ist.

Echte Magie fängt mit dem Wunsch an, etwas geschehen zu lassen. Der Schlüssel hierzu sind Fokus, Willenskraft und Visualisierung. Die Magie der Kerzen macht sich alle drei zunutze. Sie ist seit Ihrem ersten Geburtstag Ihr ständiger Begleiter. Wie oft haben Sie schon die Kerzen auf einem Kuchen ausgeblasen und sich dabei etwas gewünscht? Dabei haben Sie jedes Mal mit den drei Grundsätzen des Feenzaubers gearbeitet, die Träume wahr werden lassen!

Bei magischen Feenritualen ist der Glaube an die Mittel und an Sie selbst unabdingbar. Zweifeln Sie nie an der Kraft Ihres Fokus, Ihrer Willenskraft und Visualisierung, denn dann würden Sie die Kräfte der Welt jenseits unserer sichtbaren Welt ignorieren.

Die Arbeit mit Magie ist eine verantwortungsvolle Aufgabe, denn was immer Sie sich wünschen, wird – häufig auf unerwartete Weise – drei Mal so stark für Sie in Erfüllung gehen. Also denken Sie immer an den Satz: »Sei vorsichtig bei dem, was du dir wünschst!« Die Arbeit mit Kerzen wird zwar Ihre magischen Fähigkeiten der Manifestation stärken, doch es ist wichtig, dass die Gedanken und der Fokus positiv bleiben.

Kerzenzauberformel
Magie kommt aus dem tiefen Inneren.
Entfache das Feuer, lass sie beginnen.
Wenn du an deine Wünsche denkst, hab acht
und wähle die Mittel mit Bedacht.

Sie können das Element Feuer in Ihr Zuhause einladen, indem Sie beim Bad oder einer heiligen Zeremonie Kerzenlicht dem elektrischen Licht vorziehen.

Die magischen Bedeutungen der Kerzenfarben

Machen Sie sich mit den magischen Bedeutungen der Kerzenfarben vertraut; dies fördert Ihre Heil- und Zauberarbeit.

- *Weiß* Reinheit, Segen, Licht, der Kosmos

- Schwarz Auslöschung, Verbannung, Vergeltung, Norden, Erde
- *Blau* Frieden, Harmonie, Heilung, Haussegen, Fieber kurieren, Freunde wieder vereinen
- *Braun* Erden, stabilisieren, Intuition, Gleichgewicht, Verbundenheit mit Mutter Erde
- *Gold* Kosmische Einflüsse, Sonnengötter, Erfolg, Wohlstand, Einfluss
- *Grün* Fruchtbarkeit, Glück, Großzügigkeit, Reichtum, Erfolg, Erneuerung, Ehe, Heilung
- *Indigoblau* Meditation, das Ausbalancieren des Karmas, das Beenden von Gerüchten und die Befähigung astraler Projektion
- *Magenta* Rasche Veränderungen, spirituelle Heilung, Exorzismus
- *Orange* Kommunikation, Telepathie, neuer Job, Anpassungsfähigkeit, Glück, Kontrolle, Anziehungskraft
- *Rosa* Romantik, Zuneigung, Liebe, spirituelles Erwachen, Einheit
- *Lila* Ehre, Respekt, die Anerkennung anderer
- *Silbe*r Mondzauber, Schutz vor Entitäten, innerer Frieden, Gelassenheit.

Übung: Mit Flammen wahrsagen

Wenn wir mit einer brennenden Flamme arbeiten, können wir Salamander rufen und sie bitten, uns dabei zu unterstützen, die Leidenschaft in unseren Beziehungen zu erwecken, unseren Sextrieb und die natürliche Kundalini-Energie anzukurbeln, die in uns steckt.

Die Feuerfeen erhellen auch unser Herzchakra, damit wir Weisheit, Liebe und echte Richtungsweiser in unserem Leben finden können.

- Stellen Sie sich in Richtung Süden hin und zünden Sie eine rosa Kerze an.
- Atmen Sie tief ein und aus und schauen Sie in die Flamme.
- Sehen Sie so lange in die Flamme, wie Sie können, ohne Blinzeln zu müssen.
- Achten Sie auf die Salamander, die sich in der Flamme drehen und wenden.
- Vergessen Sie nicht, tief ein- und auszuatmen. Nehmen Sie wahr, wie ein tiefes Gefühl des Friedens in Ihrem Herzen einkehrt.
- Wenn Sie spüren, dass sich Ihr Herzchakra dehnt, und Sie blinzeln müssen, schließen Sie die Augen.
- Sie werden das Bild der Flamme vor Augen haben. Schließen Sie es in Gedanken in Ihr Herz ein. Lassen Sie es sich ausdehnen und Ihr ganzes Herz ausfüllen.
- Stellen Sie sich nun vor, wie die Flamme durch Ihr Rückgrat nach unten strömt und dann wieder zurück durchs Herz ins Kronenchakra auf Ihrem Kopf schießt, wie es Ihre Lebenskraft weckt und Ihre übersinnlichen Fähigkeiten mobilisiert.

Blitze

Blitze sind Zeichen der körperlichen Manifestation des Salamanders. Wir sollen uns von ihnen fernhalten und im Haus bleiben, um nicht vom Blitz getroffen zu werden. Doch Blitze haben mich seit jeher fasziniert. In alten Zeiten beteten die Menschen ihre

Allmacht an, und auch ich habe sie schon immer bewundert. Als Kind stellte ich mir vor, wie ich einen Zauberstab an einen Blitz halten und die starken Energien für Zauberei und andere Umsetzungsmagie nutzen würde. Diese Erfahrung wünschte ich mir von ganzem Herzen – von Salamandern in ihrer kraftvollen Manifestierung eines Blitzes getroffen zu werden. Was für eine mächtige Kraft!

Vor ein paar Jahren steckte ich meinen Handyakku wie gewöhnlich in die Steckdose. Wumm! Er war kaputt, und ich wurde mit einem Elektroschock ins Krankenhaus gebracht. Ich kann also aus eigener Erfahrung sagen, dass man die Warnung »Pass auf, was du dir wünschst« ernstnehmen sollte! Tatsächlich hat ein Feuergeist mich soeben daran erinnert, meine Leser daran zu erinnern, wie gefährlich es ist, mit dem Feuer zu spielen. Ich lächelte zwar darüber, aber ich muss seine Warnung an Sie weitergeben. Seien Sie also vorsichtig und respektieren Sie stets die Salamander und das Element Feuer; dann sind Sie auch davor geschützt.

Drachen

Auch Drachen werden mit dem Element Feuer in Verbindung gebracht, obwohl es auch Drachen anderer Elemente gibt. Diese Wesen der Kraft und Macht sind uralte Wissenshüter. Man kann sie rufen, damit sie Heilzauber in den Alltag bringen und unsere spirituellen Führer und Beschützer sind. Auch wenn Drachen heutzutage als mythische Kreaturen angesehen werden, wurden im April 2013 tatsächlich die Knochen eines 18 Meter langen Drachens an der Ostküste der chinesischen Provinz Shandong im Gelben Meer gefunden. Die Chinesen haben schon immer die Eigenschaften der Drachen zu schätzen gewusst und diese eleganten, mutigen Wesen verehrt. Leider ist die restliche Welt auf den Mythos, der das gutartige Wesen der Drachen verzerrt, hereingefallen. Es gab in der Geschichte der Menschheit schon immer Geschichten von tapferen Menschen, die sich aufmachten, einen gefährlichen Drachen zu töten, der sich als zorniges, feuerspeiendes Monster für den darstellt, der ihm in die Quere kommt. In England wird beispielsweise der Schutzpatron Georg jedes Jahr am 23. April dafür gefeiert, dass er einen Drachen erschlagen hat und die Menschen aus dessen Tyrannei und Aggression befreit hat.

Solche Geschichten entbehren leider jeder Wahrheit. Wie bei so vielen Geschichten, die über Wesen des elementalen Reichs erzählen, werden wir von der verborgenen Realität weggelockt. Das geschieht mit Absicht, um uns Angst zu machen, damit wir die tatsächlichen heilenden Eigenschaften dieser ganz realen Geschöpfe nie herausfinden.

Die Drachen zogen sich vor langer, langer Zeit aus der dreidimensionalen Welt zurück, weil sie – ähnlich wie die Einhörner – ihre groben Energien nicht länger aushielten. Zu unserem Glück sind sie und ihre Kräfte im ätherischen Reich, wo sie mit den Feen und anderen magischen Lichtwesen leben, leicht zugänglich.

Drachen werden hauptsächlich dem Element des Feuers zugeordnet. Sie helfen beim Entfachen unserer inneren Flamme der Leidenschaft und treiben uns an, uns in unserem wahren Licht zu bewegen und unsere Lebensaufgabe mit ganzer Kraft, Vitalität und Elan zu erfüllen. Doch sie sind auch Drachen, die nicht nur mit dem emotionalen Element Wasser und dem inspirierenden Element Luft verbunden sind, sondern auch mit denen, die als Hüter der erdverbundenen Spiritualität und solchen Traditionen wie Wiccan, dem Heidentum, den Praktiken der Druiden und Schamanen dienen.

Übung: Drachenzauber

- Wenn Sie die starke Energie der Drachen in Ihr Leben holen möchten, dann suchen Sie sich einen stillen Ort, an dem Sie nicht gestört werden. Setzen Sie sich in Richtung Süden hin und zünden Sie eine rote Kerze an.
- Sagen Sie, während Sie in die Flamme schauen:

»Drachen des Feuers und der Kraft
und der glühenden Leidenschaft,
bewahrt mich Tag und Nacht vor Harm,
verleiht mir Kraft und seid mir nahe,
damit ich frei und angstfrei sein kann.«

- Blasen Sie nun die Kerze aus und lassen Sie sich vom Rauch der gelöschten Flamme umgeben.
- Nehmen Sie wahr, wie Ihnen wärmer wird, während Sie die Umarmung von leuchtendem Rot, Gold und Orange spüren.
- Vor Ihren Augen erscheint ein prächtiger Drache. Fühlen Sie seine Kraft, seine Stärke. Nehmen Sie seinen Anblick deutlich wahr – seine Farbe, seinen Schwanz, seine Größe, seine Augen –, denn das ist Ihr Drache. Er bietet Ihnen an, Ihr magischer Beschützer, Ihr Bodyguard, zu sein. Nehmen Sie sein Angebot mit diesen Worten an:

»Dankbar nehme ich deine Magie an,
deinen Schutz in all meinem Tun.
Verleih mir Mut und gib mir Kraft,
hilf mir bei meiner Verwandlung nun.
So soll es sein.«

- Sagen Sie Ihrem Drachen, während Sie ihn ansehen, nun alles, bei dem er Ihnen helfen soll. Breiten Sie Ihre Wünsche vor ihm aus.
- Währenddessen bläst Ihr Drache Ihren Wünschen seinen feurigen Atem ein.
- Der Drache schaut Ihnen in die Augen, und Sie sehen die strahlende Liebe, die in seinen Augen für Sie brennt.
- Noch eine Flamme wird in Ihr Wurzelchakra geblasen, und Sie spüren, wie es sich ausdehnt, während die Wärme durch Ihren Körper ins Herz strömt. Dort leckt die Flamme alte Wunden weg und an ihre Stelle tritt ein heiliges Glimmern.
- Atmen Sie nun tief ein, während das Glimmern die Energie des Drachenfeuers in Ihrem Inneren entfacht. Das Feuer brennt sich durch jedes Körperteil und reinigt Sie von allen negativen Einflüssen. Während es immer stärker wird, schluckt es die Essenz aller Probleme oder Blockaden und ersetzt sie durch Leidenschaft und Verlangen. Sie können nun aufrecht durchs Leben gehen und mit dem Drachen als Ihrem Verbündeten auf Ihre Träume und Ziele zusteuern.
- Bedanken Sie sich bei Ihrem Drachen und fühlen Sie seine Energie, wann immer Sie sich mit dem Feuer der Sonne verbinden, eine Flamme anzünden, die Hitze eines Ofens, eines Feuers oder Elektrogeräts spüren, und natürlich auch beim Meditieren und im Traum. Denn nun ist Ihr Drachen immer bei Ihnen – in den verschiedensten Formen.

Übung: Sommerkraftmeditation

Der Sommer ist die Jahreszeit, die mit Feuer in Verbindung gebracht wird. Es ist die perfekte Zeit, um die Kraft der Sonne aufzutanken.

Stellen Sie sich vor, Sie würden an einem besonderen Platz in Ihrem Traumgarten sitzen. Hören Sie den singenden Vögeln zu, spüren Sie, wie eine sanfte Sommerbrise Ihre Wangen streichelt, freuen Sie sich über die grünen Blätter an den Bäumen und fühlen Sie das Leben um sich herum.

Blicken Sie dann auf und sehen Sie eine große Blase, die über Ihrem Kopf schwebt. Sie schimmert golden.

Sehen Sie zu, wie die große goldene Blase sanft und langsam nach unten schwebt, immer weiter hinunter, bis sie vor Ihnen liegen bleibt. Schauen Sie in die Blase hinein – in ihrem Inneren ist eine Ringelblumenfee!

Die Fee hat goldene und gelbe Kleider an und ist wunderschön. In der Hand hält sie einen Zauberstab, mit dem sie die große goldene Blase zerplatzen lässt. Die Blase zerbricht in tausend winzige goldene Teilchen. Plötzlich merken Sie, dass es Samen sind, Ringelblumensamen, die sich jetzt über Ihren Garten ausbreiten und genau an den richtigen Stellen landen. Die Mittagssonne brennt herunter, und Sie baden in ihrer Wärme, während Sie zusehen, wie viele Ringelblumenfeen ihre Magie mithilfe ihrer Zauberstäbe ausschütten, die das Sonnenlicht anziehen.

Eine Ringelblumenfee schwebt lächelnd vor Ihnen. Dann schlägt sie mit den zarten Flügeln und fliegt hinauf zu Ihrem Ohr. Leise fragt sie: »Was wünschst du dir und wie kann ich dir behilflich sein?«

Lassen Sie sich genug Zeit, um ihr still mitzuteilen, wobei Sie ihre Hilfe benötigen.

Achten Sie, wenn Sie ihr Ihre Wünsche mitgeteilt haben, auf alle Worte oder Gefühle, die Ihnen kommen.

Nun hebt die Ringelblumenfee ihren Zauberstab hoch. Er funkelt voller glitzerndem Licht. Sie schwebt hinauf zu Ihrem Kopf und gießt einen kräftigen Wasserfall aus flüssigem Gold über Sie aus. Die Flüssigkeit ist warm und gleichzeitig erfrischend. Ihre Haut prickelt.

Spüren Sie, wie sich der Strom des Wohlstands über Sie ergießt – vom Kopf durchs Haar und über Ihr Gesicht, über die Schultern bis in die Fingerspitzen. Fühlen Sie, wie er über Ihre Brust fließt, über Ihren Rücken und den ganzen Körper, wie er jeden Teil bedeckt und bis in die Fußsohlen rinnt, wo er eine Pfütze aus dickflüssigem Licht bildet.

Atmen Sie diese funkelnde goldene Flüssigkeit ein. Lassen Sie sie durch die Füße, Beine und den Körper bis in den Kopf strömen. Spüren Sie, wie sie jeden Teil von Ihnen, jede Körperzelle, jedes Gefäß ausfüllt. Lassen Sie sich davon völlig ausfüllen. Trinken Sie sie. Nehmen Sie wahr, wie jede Körperzelle mit der magischen Energie des Überflusses des Sommers vibriert. Lassen Sie zu, dass sie Ihre Aura tränkt.

Sie können sicher sein, dass es starke positive Veränderungen in Ihrem Leben geben wird, während Sie die lieblichen Worte der Ringelblumenfee hören:

»Entfache die Sonne des Sommers und sei gewiss,
du bist der heilige Funke, du bist die Kraft.
Liebe und Leidenschaft sind gerufen und erwacht,
das Feuer ist geschürt, dein ist die Macht.«

Die Stärke und Macht der Sonne nährt nun Ihre innere Flamme. Sie haben Ihre Aufgabe erfüllt – jetzt können Sie sich am Überfluss des Sommers erfreuen.

Bedanken Sie sich herzlich bei der Ringelblumenfee, denn es gehört sich so. Vielleicht möchten Sie ihr auch ein Geschenk anbieten – beispielsweise einen gelben Citrin –, bevor Sie sie wieder wegfliegen lassen.

***

Zusammenarbeit mit den Feuerfeen

Die Sonne ist das beste Beispiel für das Element Feuer und die leidenschaftliche Arbeit der Salamander. Viele altertümliche Kulturen beteten diese lebenschenkenden Wesen an. Für die alten Ägypter war es der Gott Ra, während die Griechen die Sonne als ihren Gott Helios, die Römer als Apollo und die Kelten als Lugh verehrten.

Auch heute noch wird die Sonne verehrt. Viele der noch existierenden Indianerstämme veranstalten jedes Jahr einen Sonnentanz, um die Sonne als Lebensbringerin zu feiern, und für viele Menschen auf der ganzen Welt ist die Sommersonnwende, wenn die Sonne an ihrem höchsten Punkt steht, noch immer eine Zeit der spirituellen Feiern.

Andere verehren die Sonne häufig unbewusst. Auch Gartenfeste, Grillpartys und Sonnenbaden in den heißen, leidenschaftlichen Sommermonaten sind Formen der Sonnenanbetung und der Verehrung der Feuerfeen, die alles geben, damit wir schwitzen können!

Das Feuer braucht Sie!

Leider ist heutzutage den meisten Menschen im Gegensatz zu früher nicht bewusst, dass alle Naturgeister und -elemente ihren Beitrag zum Funktionieren unserer Welt leisten. Wie viele Leute denken daran, jedes Mal den Salamandern zu danken, wenn sie ihren Backofen aufheizen, den Teekessel aufsetzen oder sich die Haare föhnen?

Holen Sie sich Wärme ins Leben, um sich auf die Feuerwesen einzustellen. Entfachen Sie im Schlafzimmer die Leidenschaft durch eine neue rote Satinbettdecke oder dekorieren Sie das Wohnzimmer mit Rosa-, Orange- und Rottönen. Genießen Sie einen romantischen Abend am Kaminfeuer, wenn Sie einen Kamin besitzen, oder laden Sie Freunde ein, machen Sie ein Feuer im Garten und sitzen Sie bis spät in die Nacht gemütlich beisammen.

Auch Sonnenbaden, Urlaub im Süden und Strandpartys werden Ihre Sehnsüchte beflügeln. Möglicherweise möchten Sie auch einen Ausflug zu einem Vulkan machen. In Vulkanen blubbern und tanzen Salamander, fordern sich gegenseitig auf hinauszuspringen, fliegen am Himmel und lassen heiße Lava auf die Erde regnen. Ich frage mich, wie viele Leute beim Ausflug zu einem Vulkan das Element Feuer und die Elementale, die in ihm leben, wohl bewusst verehren. Aber am Ende sind es die Salamander, die das Feuer entfachen und beherrschen. Daher sollten Sie sie stets achten und unterstützen, wann immer Sie können.

Übung: Unterstützung der Salamander

- Stellen Sie sich in Richtung Süden hin, wenn Sie sich berufen fühlen, die Salamander zu unterstützen, und zünden Sie eine rote Kerze an.
- Stellen Sie sich vor, wie ätherische Flammen einen Menschen oder ein Gebäude ergreifen, um schwere Energien zu verbrennen. Lassen Sie das Feuer die Richtung weisen, bis die Person oder der Ort frei von negativen Gedanken, Zweifeln, Ängsten oder den Nachwirkungen einer unguten Handlung befreit sind und sich wieder »aufhellen« und strahlen können.

***

Zusammenfassung

- Das Element Feuer wärmt unsere innere und äußere Welt.
- Seine Macht, Veränderung zu bewirken, entfacht Liebe, Leidenschaft und Motivation.
- Salamander herrschen über das Feuer und treten auf, sobald ein Feuerzeug oder ein Streichholz angezündet wird.
- Elektrische Salamander sind blau, weiß und lila.
- Dschinn sind Wüstenfeen, die sich mit Lichtgeschwindigkeit fortbewegen können.
- Widder, Löwe und Schütze sind die Feuerzeichen des Sternkreises.
- Über glühende Kohlen zu laufen ist eine intensive und effektive Methode, um seinen Zielen näher zu kommen.
- Jede Flamme ist vom Feenland aus sichtbar.
- Kerzenzauber fördert die Fähigkeit zu magischen Manifestationen.
- Drachen werden mit Feuer in Verbindung gebracht, und wir können sie rufen, damit sie uns beschützen.
- Die Sommerzeit wird in magischer Hinsicht mit dem Element Feuer in Verbindung gebracht.
- Sonnenbaden, Holzfeuer und scharf gewürzte Speisen sind eine Verbindung zur heißen Energie der Salamander.

Kapitel 6
Wasserfeen

Die Feen des Wassers heilen seelische Wunden,
die so schwer sind, dass sie schmerzen.
Reinige und erfrische dich, verbinde dich mit dem Meer,
tauche ab und schwimme in deinem Herzen
– jetzt bist du frei.

Das Element Wasser wäscht alte Wunden weg; es deckt übersinnliche Fähigkeiten auf und fördert prophetische Träume, die kurz davor sind, an die Oberfläche zu steigen. Wenn Ihre Kräfte von negativen Gedanken, Zweifeln und Sorgen beeinträchtigt werden, können Sie die Emotionen loslassen, die Ihre natürliche Vitalität und Positivität abschöpfen, Ihre Intuition entwickeln und ganz entspannt mit dem Strom des Lebens schwimmen.

Magie des Wassers

- Jahreszeit Herbst
- Himmelsrichtung Westen
- Magische Tageszeit Abenddämmerung
- Kerzenfarbe blau
- Elemental Nixe
- Sternzeichen Fische, Krebs und Skorpion

Die Magie des Wassers verhilft uns zu Gleichgewicht, Harmonie, innerem Frieden, Ruhe und Entspannung. Sie wird nicht nur mit physikalischem Wasser, sondern auch mit Mondenergien in Verbindung gebracht, weil der Mond über Ebbe und Flut regiert.

Nixen

Nixen sind die Hüter des Wassers. Das englische Wort für Nixe, »Undine«, bedeutet auf Griechisch buchstäblich »Welle«. Diese Wassergeister sind die Energie, die sich in jedem Wassertropfen auf und in unserem Planeten Erde befindet: von den Seen, Bächen und Flüssen bis hin zu den Meeren, Brunnenquellen, Pfützen und jedem anderen Gewässer – sogar in der Badewanne oder unter der Dusche!

Nixen selbst kommen in vielerlei Gestalt daher, wie beispielsweise als Meeresfeen und Wassergeister. Sie sind die Hüter der kleineren Gewässer, der Seen, Teiche, Bäche und Flüsse, und der Pflanzen und Tiere, die in diesen Gewässern leben und die sie nähren und versorgen.

Es gibt auch noch Wassernymphen, die unsere tiefsten Emotionen erwecken und Mitgefühl sowie Intuition stimulieren.

Die berühmtesten Nixen sind jedoch die Meerjungfrauen. Sie sind die Hüter der Meere und tragen die Verantwortung für alles, was in diesen riesengroßen Gewässern, die mindestens zwei Drittel der Erde bedecken, wächst und gedeiht.

Selkies sind schottische Meerjungfrauen. Meistens nehmen sie die Gestalt eines Seehunds an, aber sie können sich auch in eine schöne Frau verwandeln, um einen jungen Mann zur Heirat zu verführen. Aber danach vermissen viele Selkies das Meer zu sehr und verlassen irgendwann ihren Mann, um in ihren natürlichen Lebensraum zurückzukehren. Ich vermute, Hans Christian Andersens kleine Meerjungfrau war in Wirklichkeit ein Selkie!

Wasserzeichen

Wer im Sternzeichen Fische, Krebs oder Skorpion geboren wurde, verspürt ein tiefes inneres Verlangen, dem Wasser nahe zu sein und ist oft sehr durstig! Wasserzeichen neigen auch zu natürlicher Empathie und einem starken übersinnlichen Bewusstsein. Sie sind Träumer, häufig Alleingänger und können mitunter etwas launisch sein. Aber sie sind Menschen, die Situationen auf einer tiefen Ebene erkennen können, und sind mit ihrer Intuition, ihrem inneren Wissen, mehr im Einklang als die anderen Sternzeichen.

Weibliche Wassermenschen sind für ihre Sinnlichkeit bekannt und es wurde ihnen in die Wiege gelegt, potenzielle Liebhaber mit ihrem Charme zu verführen. Die Verehrer aller drei Wasserzeichen gehen ihnen oft trotz der möglichen Gefahren ins Netz!

Einfühlsamkeit und Emotionen

Die ätherische Substanz der Wassergeister ist eng mit Gefühlen und Emotionen verwandt. Wasserzeichen wird daher mitunter nachgesagt, sie seien zu emotional oder sensibel, doch in Wahrheit ist Sensibilität eine wunderbare Gabe. Sie lässt uns einfühlsam und mitfühlend sein. Und sie öffnet unser Herz, so dass wir für die Stimmen und Botschaften der Feen empfänglicher werden.

Aber vielleicht möchten Sie die Nixen ja bitten, Ihnen dabei zu helfen, sich bewusst zu werden, von wessen Gefühlen Sie beeinflusst werden. Sind es Ihre eigenen Emotionen – oder sind es die eines anderen? Die Kunst dabei ist, darauf zu achten, wie Sie sich fühlen, und sich darüber klar zu werden, dass Sie nicht Ihre Gefühle sind. Die Nixen können Ihnen helfen zu verstehen, welches Gefühl in Ihnen hochkommt, und herauszufinden, woher es stammt und warum es auftaucht. Wie Sie feststellen werden, werden Sie schon bald auf eine angemessenere Weise handeln und reagieren.

Das Gedächtnis des Wassers

Wie wissenschaftliche Untersuchungen der verstorbenen Parawissenschaftler Masaru Emoto und Jacques Benveniste gezeigt haben, speichert Wasser die Erinnerung hineingeschütteter Substanzen sowie von Wörtern und Emotionen, die an das Gewässer gerichtet waren. Es ist daher wichtig, über Wasser zu beten und ihm positive Energie zu senden. Ich zeichne Herzen, alte Siegel und Symbole auf meine Trinkwasserflaschen und den Wasserkessel. So sorge ich dafür, dass ich nur Wasser trinke, das mit Liebe und guten Absichten getränkt ist. Auf dieselbe Weise heilten früher Heilige und Propheten Menschen mit Wasser, das sie mit ihren Gebeten angereichert hatten.

Überall auf der Welt gibt es Gewässer, die fürs Heilen benutzt werden, wie beispielsweise der Chalice Well in Glastonbury, England, der Jordan im Nahen Osten und die Quelle in der Grotte von Massabielle am Wallfahrtsort unserer Lieben Frau in Lourdes, Frankreich. Die Energie wird durch die vielen täglichen Besucher, die dem Wasser ihre Gebete und Wünsche anvertrauen, immer mehr und stärker; so schaffen sie einen energetischen Strudel ihrer Bedürfnisse und Wünsche.

Da wir Menschen zu mindestens 75 Prozent aus Wasser bestehen, können wir die magischen Eigenschaften des Wassers auf ganz natürliche Weise anzapfen und so prophetische Träume hervorrufen, unsere übersinnlichen Fähigkeiten fördern und unsere Gefühle abheilen lassen.

Meerjungfrauen

Das Meer fasziniert die Menschheit seit jeher. Griechische und römische Mythen erzählen von ihren Göttern Poseidon und Neptun, die die Wellen beherrschten, und von Seeleuten, die wunderschöne Frauen mit einem Fischschwanz statt menschlichen Beinen sichteten.

Es gibt unzählige Geschichten über Schiffsbrüche, die von schönen Frauen verursacht wurden, welche Meerjungfrauen glichen und Sirenen genannt wurden; sie lenkten die Seefahrer mit den himmlischen Klängen ihres verführerischen Gesangs ab, und über Meerjungfrauen, die hinab tauchten, um verlorene Schätze aus der Tiefe zu holen. Natürlich können wir solche Erzählungen als Metaphern ansehen, die für den inneren Drang und die Suche nach dem Reichtum stehen, der in uns schlummert und nur darauf wartet, von uns entdeckt zu werden.

Meerjungfrauen werden für Schiffsbrüche und das Ertrinken von Seeleuten verantwortlich gemacht, doch es gibt auch Erzählungen über Meerjungfrauen, die Menschen retten und sie zur sicheren Küste bringen. Solche Geschichten schildern die Unvorhersehbarkeit der Ozeane; Meerjungfrauen sind als Wassergeister ein Teil von ihnen. Für Kundschafter der Feen ist die Magie der Meerjungfrauen aufgrund ihrer Verbindung zu den heilenden Eigenschaften des Wassers tiefgründig und heilsam. Meerjungfrauen erinnern uns daran, unser inneres Selbst aufzudecken, unsere tiefsten Gefühle erwachen zu lassen und Mitgefühl für unsere Umwelt zu haben.

Um uns mit der Magie der Meerjungfrauen verbinden zu können, müssen wir unsere Energien ihrer höheren Schwingung anpassen. Das erreichen wir durch Visualisieren, eine einfache Methode, um Zugang zu ihrem Reich zu erhalten.

Also springen Sie ins kalte Wasser und entdecken Sie Ihre eigenen verborgenen Schätze!

Übung: Sich mit den Energien der Meerjungfrauen verbinden

- Füllen Sie Wasser in eine Schüssel und füllen Sie sie mit Muscheln und blaugrünen Halbedelsteinen, wie beispielsweise Aquamarinen oder Türkisen, auf.
- Setzen Sie sich mit dem Gesicht in Richtung Westen hin und halten Sie die Schüssel vor sich.
- Zünden Sie eine blaue Kerze an.
- Schauen Sie ins Wasser und rufen Sie dabei die Wassergeister:

»Geister des Wassers, ich rufe euch nun,
versammelt euch um mich und helft mir bei all meinem Tun.
Ich rufe eure Magie, damit sie uns vereint.
Wir sind mit verführerischem Zauber gesegnet.
So soll es sein.«

- Blasen Sie nun die Kerze aus und lassen Sie sich vom Rauch der gelöschten Flamme einhüllen.
- Atmen Sie tief ein und aus, während stärkende Energie durch Ihren Körper strömt, bis jede einzelne Zelle mit der Magie, Schönheit und dem verführerischen Zauber der Meerjungfrauen vibriert.
- Trinken Sie nun ein großes Glas Wasser, das Sie vorher mit diesem Spruch gesegnet haben:

»Ich trinke dieses Wasser, damit es Verbundenheit und Heilung bringt,
und öffne mein Herz, um mich mit den Nixen zu verbinden.
Ich heiße die Kraft der Flüsse und der Meere willkommen.«

Jetzt, da Sie sich mit der Magie der Meerjungfrauen verbunden haben, werden Sie sich ihrer Energie im Element Wasser, die Ihnen täglich begegnet, bewusster sein. Bedanken Sie sich für die reinigenden Eigenschaften der Gewässer, von denen wir und unsere geliebte Erde profitieren und von denen unser Überleben abhängt.

***

Haare

Ich weiß noch, wie ich als kleines Mädchen im Schwimmbad war und so tat, als würde ich auf einem Felsen sitzen und mir wie eine Meerjungfrau mein langes blondes Haar kämmen. Ich stellte mir vor, wie ich mit meinen Freunden, den Delfinen schwamm, wie ich ins Wasser eintauchte und sich meine Haare um meine Schultern wickelten, während ich meinen Fischschwanz drehte und wendete.

Meerjungfrauen ist ihre Erscheinung wichtig, und sie wissen, dass ihre langen Haare ihre ungezügelte Sexualität und magischen Fähigkeiten zum Ausdruck bringen. Im Feenreich gilt Haar als extrem wirkungsvoll, vor allem langes Haar, das als Anzeichen der Feen angesehen und häufig für einen Zauberspruch benutzt wird. In früheren Zeiten wurde eine Haarlocke als Erinnerung aufbewahrt oder als Zeichen der Zuneigung einem geliebten Menschen geschenkt.

Kundschafter der Feen wissen um die Macht der Haare und achten darauf, dass ihre eigenen Haare nicht in falsche Hände geraten, damit sie nicht für unerwünschte Flüche missbraucht werden können. Wenn ich mich kämme, hebe ich die Haare im Kamm immer für die Vögel auf, die ihnen als Isolierung ihrer Nester dienen, oder schenke sie den Geistern als Zeichen meiner Wertschätzung.

Für Feen sind kurzgeschnittenes Haar ein Zeichen der Sorgen oder Trauer. Ich hatte nur zwei Mal im Leben kurze Haare. Das eine Mal war, als ich im Alter von zehn Jahren meine Mutter bat, mir die Haare kurz zu schneiden, damit ich in den Sommerferien in Südfrankreich nicht so schwitzen müsste. Das andere Mal war, als ich mir mit siebzehn mein langes Haar für einen frechen Bubikopf absäbelte. Bei beiden Malen zog ich mich nach dem Abschneiden meiner Haare in meine Höhle zurück, da ich das Selbstvertrauen verloren hatte, das mein langes Haar mir gegeben hatte, und trauerte um den Teil meiner Selbst, der verloren war. Ich fühlte mich unvollständig und wie zerstückelt und schwor mir, mich nie mehr selbst zu verraten.

Natürlich fühlen sich viele Leute wohl mit kurzen Haaren, und eine »Koboldfrisur« ist in der Welt der Feen immer gern gesehen!

Meerjungfrauen Spiegelmagie

Spiegelmagie ist eine bevorzugte Art, um sich mit Meerjungfrauen zu verbinden und sich seine Wünsche zu erfüllen. Das Glas repräsentiert das Wasser und der Spiegel wird als Tor zu der astralen Welt angesehen.

Übung: Spiegelzauber – Ruf der Meerjungfrauen

Wenn Sie Meerjungfrauen und ihre Magie mithilfe eines Spiegels rufen wollen, brauchen Sie einen Handspiegel, den Sie mit Muscheln, Fischernetz und Halbedelsteinen schmücken können.

- Zünden Sie eine blaue Kerze an und schauen Sie in den Spiegel, während Sie sich die Haare striegeln. Sagen Sie dazu:

»Zauberspiegel, hilf mir, den wahren Menschen zu sehen,
der ich sein will.

Schließe mein Herz auf – den Schlüssel zur Meerjungfrau in mir. Mache mich frei.«

- Blasen Sie nun die Kerze aus und hinterlassen Sie den Meerjungfrauen einen blauen Halbedelstein oder eine Muschel als Geschenk.

Übung: Die Manifestierung der Spiegelmagie

- Entfachen Sie beim Blick in den Spiegel Ihre natürliche Fähigkeit, Dinge zu manifestieren, indem Sie sich die Haare bürsten, während Sie Ihre Vorhaben und Wünsche aussprechen. (Das können Sie wortlos oder laut tun.)
- Wenn Sie sich eine Beziehung herbeisehnen, dann öffnen Sie Ihr geistiges Auge, indem Sie alles Erwünschte im Spiegelbild sehen.
- Wenn Sie sich Gesundheit wünschen, dann sehen Sie sich im Spiegel als gesund und wiederholen Sie mehrmals:

»Ich sehe mich geheilt und ganz. Ich sehe mich geheilt und ganz.«

- Wenn Sie Schönheit anziehen möchten, dann bürsten Sie Ihr Haar, während Sie in den Spiegel schauen und diese Affirmation aussprechen:

»Ich bin schön. Ich bin schön.«

- Sagen Sie, um Erfolg im Leben anzuziehen:

»Ich habe Erfolg in allem. Ich habe Erfolg in allem.«

Die Wirkung der Spiegelmagie hängt mit Ihren eigenen Überzeugungen zusammen. Der Spiegel spiegelt alles, was Sie tatsächlich sehen und an was Sie wirklich glauben. Das wird sich dann in Ihrem Leben umsetzen.

Übung: Liebeszauber der Meerjungfrau

Meerjungfrauen helfen zu gern bei Herzensangelegenheiten. Schließlich sind sie die Elementale der Gefühle!

- Wenn Sie sich in Ihrem Leben romantische Liebe wünschen, dann zünden Sie eine blaue und eine rosa Kerze an und rufen Sie die Meerjungfrauen herbei, während Sie in den Spiegel schauen. Sagen Sie dazu:

»Meerjungfrauen der Romantik, bringt mir den Einen.
Bewirkt einen Liebeszauber, der nie vergeht.
Ich bitte den Spiegel: Zeig mir den Weg,
ein Bild, das ich im Spiegel seh.
Ich sauge die Essenz mit dem Herzen auf
und wünsche mir Liebe, die alles trumpft.
Meerjungfrauen der Romantik, ich bitte euch,
erfüllt mich mit Magie in allen Dingen.
Überall sehe ich die Schönheit der Meere.
Sie lässt mich über die gefundene Liebe singen.«

- Bürsten Sie sich weiter die Haare, während Sie sich im Spiegel vorstellen, wen oder was Sie in Ihr Herz schließen wollen.
- Lassen Sie, wenn Sie fertig sind, ein Geschenk da – eine Münze auf Ihrem Altar oder in einem Wassergefäß als einen Energieaustausch.

Übung: Badritual

Für viele Fans von Meerjungfrauen ist Schwimmen ein Muss, egal, ob sie am Meer leben oder einen Teich im Garten haben! Wenn Sie jedoch weit weg vom Meer leben, können Sie sich ersatzweise in der Badewanne entspannen. Wenn Sie baden oder duschen, spüren Sie sofort die heilende und reinigende Wirkung des Wassers – auf der körperlichen und der metaphysischen Ebene.

- Vergessen Sie nicht, dass Wasser Erinnerungen speichert. Geben Sie daher Ihre Wünsche, Gebete und Absichten in Ihr Badewasser, während es einläuft.
- Lösen Sie Meersalz im Badewasser auf; dies wird Ihnen helfen, sich in der Badewanne zu entspannen und Ihre Seele erfrischen.
- Legen Sie Muscheln und blaue, grüne und türkisfarbene Halbedelsteine in und um die Wanne, um sich mit den Energien des Meers und den Heileigenschaften der Mineralien zu verbinden.

Sie können auch ein paar Kerzen anzünden – auch sie tragen zur Atmosphäre bei.

****

Herbst

In magischer Hinsicht wird das Element Wasser mit dem Herbst in Verbindung gebracht, der Jahreszeit, in der die Natur sich nach innen kehrt und wir darüber nachdenken, wo wir in den letzten Monaten waren und was wir gemacht haben.

Lassen Sie das Element Wasser in dieser Zeit über sich rinnen, um Ihnen Harmonie, inneren Frieden und Ruhe zu bringen. Bitten Sie die elementaren Güter des Westens, Ihr Herz zu öffnen und jede Neigung zur Überempfindlichkeit zu zähmen. Jetzt ist die Zeit gekommen, sich mit dem Gleichgewicht der Herbstsonnwende, dem so genannten Mabon, zu verbinden, um auf allen Ebenen gereinigt und geheilt zu werden.

Übung: Meditation Herbstzauber

Suchen Sie sich einen ruhigen Platz, an dem Sie ungestört sind. Zünden Sie eine blaue Kerze an und setzen Sie sich mit dem Gesicht Richtung Westen hin.

Holen Sie mit geschlossenen Augen drei Mal tief Luft … und atmen Sie nun tief und regelmäßig.

Stellen Sie sich vor, unter einer Weide auf einer Obstwiese an einem Teich zu sitzen. Sagen Sie:

»Der Westen bringt das Wasser heran,
damit es Verbundenheit und Heilung bewirkt
und dein Herz sich öffnen kann.
Der Herbst spiegelt alles wider, was es zu enthüllen gibt.
Lasse in der Abenddämmerung Magie wirken,
damit Gefühle heilen können.«

Schauen Sie ins Wasser und betrachten Sie Ihr Spiegelbild.

Nehmen Sie sich dann etwas Zeit, Ihre Gefühle zu erkunden. Für jede Emotion, die Heilung benötigt, schöpfen Sie eine Handvoll Wasser aus dem Teich, führen sie an Ihr Herz und waschen damit den Schmerz weg.

Lehnen Sie sich an die raue Rinde der Weide und spüren Sie das grüne Moos unter sich, das sich wie ein Schwamm anfühlt. Sie hören das liebliche Zwitschern der Vögel, während Sie in der spätherbstlichen Sonne baden, die durch das leuchtend grüne Laub scheint. Sie blinzeln im hellen Licht, aber Sie können den Blick nicht abwenden – es ist der goldene Schatz der Natur!

Sie fühlen sich gewärmt und getröstet und immer friedlicher, und Sie wissen, das ist das Licht der Mutter, die gekommen ist, um Sie zu nähren und mit ihren Gütern zu versorgen.

Weiche, reife Früchte fallen sanft von den schwer beladenen Obstbäumen, die auf der Wiese stehen. Hier sind die Gaben der Natur im Überfluss, und während die Sonne langsam weiter wandert, ändert sich das Licht und mit ihm das, was Sie sehen. Plötzlich stellen Sie fest, dass sich viele Feen auf der Obstwiese tummeln. Sie kümmern sich um die Äpfel, Birnen, Pflaumen und Zwetschgen, die sie seit der Geburt gehegt und gepflegt haben.

Während Sie die Wunder der Natur und die prächtige Ernte bewundern, wenden sich ein paar Feen Ihnen zu. Unverhofft wird Ihnen klar, dass auch für Sie als Teil der Natur die Erntezeit gekommen ist. Denn heute ist Mabon, die Herbstsonnenwende, an dem Tag und Nacht gleich lang sind.

Sie machen die Augen zu und kehren den Blick nach innen. Welche Saatkörner haben Sie dieses Jahr in Ihrem Leben gepflanzt? Sind sie aufgegangen? Was müssen Sie in Ihr Leben holen oder loslassen, um weiterzukommen?

Während Sie unter der Weide sitzen und nachdenken, hören Sie die lieblichen Stimmen der Fruchtfeen, die Ihnen singend Anweisungen geben, wie Sie Ihr inneres Lager mit allem, was Sie für ein fruchtbares Leben brauchen, auffüllen können.

Sie lächeln dankbar und versprechen den Feen und sich selbst genau das zu tun. Die Feen tanzen um Sie herum und singen:

»Die Ernte ist eingefahren;
Jubelnd danken wir fürs üppige Jahr.
Nun strahlt Gott/die Göttin durch jeden von uns,
und ganz besonders durch dich.«

Sie feiern mit den Feen mit und lassen sich in Gesellschaft Ihrer neuen Freunde die reifen Früchte schmecken.

Nach einer Weile verabschieden Sie sich und danken ihnen für den Spaß, die schönen Stunden und ihre Feenweisheiten. Dann kehren Sie in Ihre eigene Welt zurück – bereit, im Leben aus dem Vollen zu schöpfen.

***

Mit den Wasserfeen zusammenarbeiten

Sobald Sie Zugang zur Magie der Wasserfeen gefunden haben, können Sie alle Gaben und Eigenschaften, die sie Ihnen schenken, im Alltag nutzen. Seien Sie die Verführerin, die Charmeurin, und lassen Sie die Energie der inneren Göttin (die Männer und Frauen in sich tragen) aus der Tiefe hochsteigen. Nehmen Sie Ihre Stärke freudig an und entschuldigen Sie sich niemals dafür, Ihre natürliche weibliche List zu nutzen. Bitten Sie die Meerjungfrauen um ihre Unterstützung bei Herzensangelegenheiten, Verzauberung, Liebes-, Schönheits- und Freiheitszaubern, voraussehende Träume und die Förderung übersinnlicher Kräfte.

Auf einer Reise nach Mallorca wachte ich einmal bei Sonnenaufgang auf und ging an den Strand. Schwimmen ist seit jeher mein Lieblingssport, und ich liebe den Strand. An diesem Morgen hatte ich das Gefühl, ein paar Felsen näher erkunden zu müssen, die am Ende eines schmalen Stegs aus der Erde herausragten. In einem kleinen Teich zwischen den Felsen entdeckte ich eine leere

Getränkedose, und so kletterte ich vorsichtig auf den Felsen und ließ mich langsam zu der Dose hinunter, um sie herauszuholen.

Dann sah ich im Teich eine große Krabbe unter Wasser. Und ich bemerkte ein Stück Fischerdraht, der sich um den Felsen gewickelt hatte. Als ich an dem Draht zog, stieg die Krabbe höher. Als ich den Draht losließ, fiel sie wieder ins Wasser. O nein! Sie war im Draht gefangen!

Immer wieder versuchte ich, den Draht wegzuziehen, aber er war nicht nur um den Felsen gewickelt, sondern hing auch unter dem Stein fest. Schließlich fand ich einen scharfkantigen Stein und begann, mithilfe des Steins den Draht durchzusägen. Es dauerte über zwanzig Minuten, doch schließlich hatte ich die Krabbe befreit und sie huschte in die sehnlichst erwartete Freiheit.

Ich belohnte mich mit einer Runde Schwimmen im seichten Meer und wurde mit einer tollen Überraschung beschenkt: Ein Tintenfisch schwamm ganz dicht an mich heran! Er sah mit den süßesten Knopfaugen zu mir hoch, und ich bin überzeugt, er lächelte mich dankbar an, weil ich einen seiner Meeresbrüder gerettet hatte, bevor er wieder in die Tiefe des Ozeans abtauchte.

Das Wasser braucht Sie!

Die Nixen arbeiten bei feuchten Westwinden eng mit den Sylphen der Luft und bei Gewittern mit den Salamandern des Feuers zusammen. Doch alleine strampeln sie sich ständig damit ab, die Ozeane von ausgelaufenem Öl und Diesel, Plastik und all dem anderen Müll, der unsere Meere verstopft, zu säubern. Sie brauchen jede Unterstützung, die wir ihnen geben können.

Trinken Sie viel Wasser, das Sie immer vorher gesegnet haben, um sich auf die Elementale des Wassers einzustimmen. Erfrischen Sie Ihren Geist mit warmen Meersalzbädern. Planschen Sie in Pfützen, tanzen Sie im Regen und basieren Sie Ihre Ernährung auf wasserhaltigem Obst und Gemüse, einschließlich Seetang! Gehen Sie an den Strand und nehmen Sie eine Tüte mit, um den Müll einzusammeln, der liegengelassen oder angeschwemmt wurde. Und vergessen Sie nicht, die natürlichen Strandbewohner um Erlaubnis zu bitten, wenn Sie eine Muschel oder einen Kieselstein mitnehmen möchten.

Übung: Unterstützung der Nixen

- Stellen Sie, wenn Sie sich berufen fühlen, die Nixen zu unterstützen, eine Schüssel Wasser vor sich auf, schauen Sie in Richtung Westen und zünden Sie eine blaue Kerze an.
- Konzentrieren Sie sich auf die goldene Kerzenflamme. Sehen Sie vor Ihrem geistigen Auge, wie das Wasser in der Schüssel von diesem hochvibrierenden heilenden Licht getroffen wird, und formulieren Sie im Geiste die Absicht, es allen Meeren und Seen und deren Bewohnern zu schicken.

Zusammenfassung

- Das Element Wasser wird mit Emotionen, Einfühlsamkeit, vorhersehenden Träumen und übersinnlichen Fähigkeiten in Verbindung gebracht.
- Es bringt Gleichgewicht, Harmonie, inneren Frieden und Ruhe.
- Nixen sind die Elementale des Wassers. Sie nehmen vielerlei Gestalt an, wie beispielsweise Meeresfeen, Wassergeister und Meerjungfrauen.
- Fische, Krebs und Skorpion sind die Wasserzeichen des Sternkreises.
- Es ist wissenschaftlich erwiesen, dass Wasser Erinnerungen speichert.
- Meerjungfrauen fördern unsere Bereitschaft, unsere innere Göttin zu achten.
- Langes Haar gilt als ein Zeichen der Feen und lässt sich als Zaubermittel einsetzen.
- Spiegelglas ist ein Zugang zum Feenland, wenn es für einen Spiegelzauber genutzt wird.
- Meersalzbäder erfrischen den Geist. Reichern Sie Ihr Bad mit Gebeten, Wünschen, Halbedelsteinen und heiligen Symbolen an.
- Der Herbst wird in magischer Hinsicht mit dem Element Wasser in Verbindung gebracht.
- Segnen Sie Ihr Trinkwasser oder Badewasser vor der Verwendung, um sich auf die Nixen einzustimmen und ihnen behilflich zu sein.

Kapitel 7
Wohnorte der Feen

Feen verstecken sich gern im Feenland.
Dort spielen sie.
Man findet sie in Feenkreisen, an Kreuzungen
oder auf einem Hügel.

Das Feenreich ist eine Blase, eine Welt, die um uns herum und über unseren Köpfen existiert. Es ist ein Ort einer anderen Dimension, an dem Zeit und Entfernung keine Grenzen hat – und Magie natürlich auch! Diese Welt existiert zwar neben unserer Welt, aber sie ist etwas außer Reichweite; daher ist es für uns nicht leicht, sie – physikalisch – zu betreten.

Sie ist jedoch vieldimensional. Das bedeutet, wir können sie im Traum, beim Visualisieren und Meditieren aufsuchen und spirituell mit den Feen verbunden sein. Auch wenn die Welt der Feen nur schwer zu erkennen ist, werden sich Hinweise auf ihre Existenz finden lassen, wenn wir uns auf die Feen einstellen, indem wir sie anerkennen und Verbindung zu ihnen aufnehmen.

Vergessen Sie nicht: Die Fantasie ist der Schlüssel, der die Tür zum Feenland öffnet. Es ist nur ein Gedanke entfernt.

Das magische Tor

Wenn Sie mit der Feenwelt Verbindung aufnehmen wollen, werden die Feen Sie zuerst überprüfen. Sie werden sicherstellen, dass Sie ein reines Herz und gute Absichten haben. Wenn Sie für die Welt der Magie offener werden, werden die Feen Sie auswählen. Dann werden Sie auf alte Tore treffen, verborgene Öffnungen und

Türen werden sich auftun und Ihnen Zugang zum Feenreich gewähren.

Es gibt auf der Welt viele verzauberte Orte, die uralte Tore zur Welt der Feen sind. Ich habe das Glück, dieses Buch in Glastonbury, England, schreiben zu können – an einem Ort, der reich an Mythen und Legenden über den Hof von König Arthur und Königin Guinevere, der Feenkönigin Morgana Le Fey und natürlich den Heiligen Gral ist. Ich liebe es, hier zu leben. Es ist ein Ort voller Feen, ein Ort, an dem man sein kann, wer immer man sein will, denn jeder ist hier willkommen und kann sich mit den Geistern des Landes verbinden.

Die Sonne brennt und die Sylphen tanzen anmutig auf der Sommerbrise, während ich hinauf zum majestätischen Glastonbury Tor blicke. Dieser steile Berg ist wohl Englands berühmtestes Tor zum Land der Feen. Der verborgene Eingang soll sich am Fuße des Bergs Tor in den Höhlen der heilenden Quelle White Spring befinden. Er soll zu Annwn führen, wie der walisische Feenkönig Gwynn ap Nudd das Feenland genannt haben soll.

Glastonbury Tor steht auf den altertümlichen Ley-Linien des heiligen Michael (des Erzengels Michael) und der heiligen Bridget (alias der Göttin der Dreifaltigkeit, Bridget, Bridie, Brigantia). Der Turm auf der Bergspitze ist beiden geweiht, und in ihm ist die göttliche Energie der heiligen Ehe von Mann und Frau gespeichert. Der kurvige Weg den steilen Berg hinauf bis zum Turm ist eine echte Herausforderung und Ritus des Erwachsenwerdens. Aber der Ausflug lohnt sich, denn er bringt diese Energien in uns selbst ins Gleichgewicht und lässt uns so für unser ganzes magisches Potenzial offen werden. Und die Aussicht von oben ist berauschend!

Übung: Torzauber

- Wo immer Sie auch gerade sind – wenn Sie Zugang zur Feenheilkraft des Tors erlangen wollen, sollten Sie einen Rosenquarz in der linken Hand halten, um sich mit Ihrer femininen Energie, Ihrem Herzzentrum und dem göttlichen Weiblichen zu verbinden.
- Halten Sie einen Hämatit in der Rechten, um sich mit Ihrer männlichen Energie und dem Erzengel Michael zu verbinden.
- Stellen Sie sich vor, Sie würden am Fuße des Tors stehen.
- Sprechen Sie, um die Magie des Avalon aufzufordern, Ihren Geist und Ihre Sicht für die Feenwelt zu öffnen:

»Ich stehe in meinem geheiligten Raum,
um die Kräfte von diesem Ort zu schöpfen.
Der Schlüssel ist die heilige Ehe.
Seid umarmt, Feen, helft mir, damit ich sehe.«

- Stellen Sie sich nun vor, Sie würden einen Schluck Wasser aus der Weißen Quelle trinken und Ihre Halbedelsteine als Gabe an die Naturgeister des Landes hinterlassen.

***

Wenn wir im harmonischen Einklang mit der natürlichen Welt stehen und uns draußen in der Natur still und meditativ verhalten, können sich im gefilterten Sonnenschein, der durch die Bäume fällt, zum Wechsel der Jahreszeiten oder während der Sonnen- und Crossquarter-Feste – vor allem an Beltane (dem irischen Sommeranfang), in der Mittsommernacht und an Halloween Tore auftun. Weitere magische Zeiten sind die Morgen- und Abenddämmerung, mittags und um Mitternacht. Das sind die Zeitpunkte, an denen die Feenwelt und unsere Welt näher zusammenrücken und wir die Feen leichter erkennen können.

Feenkreise

Feenkreise sind wohl die Form von Feentoren, die am häufigsten vorkommen. Es sind natürliche Kreise der Flora und Fauna auf den Wiesen oder Waldlichtungen. Oft bestehen sie aus Gräsern, Fliegenpilzen und Pilzen, und manchmal wächst auch Moos in den Zwischenräumen des magischen Umkreises.

Es heißt, man soll sich auf keinen Fall einem Feenkreis nähern und ihn schon gar nicht betreten. Es gibt unzählige Geschichten über Leute, die ohne Erlaubnis der Feen einen Feenkreis betreten haben und nicht mehr zurückgekehrt sind.

Ich bin schon auf viele Feenkreise gestoßen, die ich alle betreten und unbeschadet wieder verlassen habe – möglicherweise mit einer leicht veränderten magischen Wahrnehmung und -energie, aber ohne Schaden zu nehmen. Also keine Angst – aber es ist dennoch höflicher, zuerst um Erlaubnis zu bitten.

Ihren eigenen Feenkreis zu erschaffen ist eine wunderbare Methode, um die Verbindung zu Feen aufzubauen und Ihre Beziehung zu ihnen zu stärken. Auf diese Weise können Sie gefahrlos einen Feenkreis betreten, und die Feen, die Sie anlocken, werden nichts dagegen haben.

Übung: Wie man einen Feenkreis baut

- Sprenkeln Sie getrocknete Blätter, Gräser, Farne und Blüten kreisförmig auf den Boden. Sie können auch noch Steine und Halbedelsteine sowie Eicheln und Zweige eines Feenbaums, wie zum Beispiel Stechpalme, Hagedorn und Eibe hinzufügen.

- Möglicherweise möchten Sie sich auf eines der vier Grundelemente konzentrieren und beispielsweise Muscheln für das Element Wasser hinzufügen. Sie können mit dem Kreis auch alle vier Elemente honorieren, indem Sie den Muscheln und den Blättern, die die Erde darstellen, etwas beifügen, was für die anderen Elemente steht wie eine Kerze für Feuer und ein Räucherstäbchen für Luft.
- Schließen Sie dann die Augen und sehen Sie vor Ihrem geistigen Auge, wie der Kreis Leben annimmt, indem Pilze und Giftpilze sprießen, zwischen den Pilzen Gräser und Moos wächst und sich kleine Blüten öffnen. Riechen Sie den lieblichen Duft der Gräser und Blumen, der sich mit dem erdigen Geruch der Pilze vermischt.
- Sehen Sie sich in Ihrem Feenkreis um und nehmen Sie die Energie wahr, die um den Kreis herum gewachsen ist wie eine Mauer aus gesponnenem Gold, die ein Energiefeld erschafft, das Zeit und Raum überwindet.
- Konzentrieren Sie sich auf den Feenkreis und sagen Sie:

»Ich erschaffe diesen Kreis zu Ehren der Feen
und bitte am heutigen Tag um Schutz.
Ich betrete ihn durchs Tor, denn der Schleier ist dünn.
Ich bitte die Feen, mich einzulassen.«

- Halten Sie an der Absicht fest, den Feenkreis nur zum höchsten Wohl aller zu betreten und dass Ihr Besuch keinerlei Schaden verursachen wird. Fragen Sie, wo Sie den Kreis betreten sollten, und nehmen Sie die Antwort mithilfe Ihrer Intuition wahr. Betreten Sie dann vorsichtig das Innere des Kreises.

- Nehmen Sie die Feenenergie wahr und atmen Sie sie ein. Verbringen Sie so viel Zeit, wie Sie möchten, im Kreis.
- Wenn Sie bereit sind, ihn wieder zu verlassen, sollten Sie als Dank ein Geschenk einen Fingerhut, Halbedelstein oder Schokoladentropfen hinterlassen und mit einem neuen Gefühl der Verzauberung und Verwunderung wieder in Ihre alltägliche Welt zurückkehren. Ihr Leben wird nie wieder so sein wie vorher.

***

Feen-Nachtschwärmer

Feen sind für ihre Feste berühmt! Menschen, die das Glück haben, Feen-Nachtschwärmer zu begegnen, berichten davon, wie sie feiern und im Kreis tanzen. Der Sinn dieser Form der Feentänze ist, ihre freudige Energie in einen »Kegel der Kraft« zu formen. Anders gesagt: Die gesamte Energie, die sie ins Tanzen stecken, strömt in eine Richtung, die sich in der Mitte trifft – und schon wird eine geballte Ladung magischer Energie generiert. Die Feen nutzen diese Energie, um ihre Arbeit zu beschleunigen und die natürliche Welt zu unterstützen.

Bei all meinen Feenpartys und Workshops für Kinder wird in einem Feenkreis getanzt. Ich schaue zu gern zu, wie sich die Energie der Kinder in der Mitte des Kreises aufbaut und ballt. Natürlich ist es auch eine wirksame Methode, um sie vor der Kuchenschlacht auszupowern!

Übung: Feenkreisen

»Kommt, nehmt euch an dir Hand
und tanzt hinaus ins Feenland...«

Also hinaus in die Natur mit euch – und tanzt!

- Tanzt und hüpft in einem weiten Kreis. Hüpft immer höher, und spürt, wie sich die Feenfreude in euch aufbaut. Erfreut euch am Anblick der Feen der Pflanzen, Bäume, Blumen und Steine, die alle hinzukommen, bis jeder Teil der Natur mittanzt. Tanzt von ganzem Herzen und macht euch von allem frei!
- Verabschiedet euch am Schluss von allen, mit denen ihr getanzt habt und nehmt die Energie der Feen, die ihr gerade herbeigerufen habt, mit.

***

Wunschbrunnen

Wie wir aus dem letzten Kapitel wissen, bewahrt Wasser Erinnerungen auf. So kann die Energie von Gebeten und Wünschen, die an ein Gewässer gerichtet wurden, zu einem wundervollen Gemisch aus Wünschen und Versprechen werden. Dazu gehören auch Wunschbrunnen.

Vor einigen Jahren besuchte ich den berühmten Trevi-Brunnen in Rom. Über dem Brunnen befindet sich eine riesige barocke Auftürmung aus galoppierenden Meerespferden, aufspritzendem Wasser und schreitenden Tritonen, über die ein muskulöser Neptun regiert, der das glasklare blaue Wasser des Brunnens hütet. Ich beobachtete die Touristen, die sich zu Hunderten vordrängten, um Münzen in den Brunnen zu werfen und sich dabei etwas zu wünschen.

Diese »Magie« ist im Grunde nur eine Art Tauschhandel: Für die Umsetzung des Wunsches bekommen die Wassergeister eine hübsche, glänzende Münze – oder auch drei!

Wegkreuzungen

Seit Tausenden von Jahren werden uralte Pfade und Höhenwege benutzt. Manche von ihnen führen zu einem bestimmten Ziel; andere sind nicht ungefährlich und äußerst geheimnisvoll.

Doch wo es Wege gibt, gibt es auch häufig Kreuzungen, an denen sich zwei Wege kreuzen oder ein Weg teilt.

Kreuzungen werden seit jeher als magische und heilige Stellen angesehen. Sie werden von Naturgeistern bewacht, und früher wurden die Menschen davor gewarnt, sich nicht zu lange an Kreuzungen aufzuhalten, um ja keiner Fee zu begegnen. Das war zwar zu Zeiten des Aberglaubens und der Dämonisierung der Feenwelt, doch auch heute noch symbolisieren Kreuzungen Treffpunkte. Wenn Sie eine Fee zu Gesicht bekommen möchten, dann vergessen Sie nicht, dass Kreuzungen Orte sind, an denen zwei Wege aufeinandertreffen und wo sie daher zwei verschiedene Wesen – Menschen und Feen – verbinden können.

Hügel und Wallburgen

Sidhe bedeutet »Leute der Feenhügel« und ist der gälische Begriff für die Feen in Irland und das schottische Hochland. Es gibt sie heute noch. Tomnahurich (Hügel der Feen) in Inverness ist beispielsweise ein ziemlich makabrer Feenhügel, denn auf einem Teil des Hügels befindet sich ein Friedhof, aber er wimmelt dennoch von Feen.

Die *Sidhe* werden als große, gutaussehende, elegant gekleidete Feen beschrieben, die rauschende Feste lieben. Über die

Jahrhunderte haben sie Menschen Schutz und Heilung gewährt und ihnen sogar einige ihrer Fähigkeiten, wie beispielsweise die Schmiedekunst, beigebracht.

In Irland sollen sie von den Tuatha dé Danann abstammen – den ursprünglichen kleinen Gottheiten des Landes, die sich in eine andere Dimension von Zeit und Raum zurückzogen, als ihre Existenz bedroht war. Sie leben in Erdwohnungen oder Wallburgen, uralten Wohnungen, die in Form von kreisrunden Erdhügeln auf Anhöhen sitzen. Dort brauchen sie keinen Fluch zu befürchten, denn die Druiden haben die Hügel mit Zauberformeln geschützt.

Sie wohnen auch unter Hügeln und Steinhaufen und im Land Tír na nÓg, was eine andere Bezeichnung für Feenland ist und im Westen Irlands liegen soll.

Eine Feenburg in irgendeiner Weise zu stören ist keine gute Idee, denn das bringt Unglück mit sich. Feenhügel und -bäume sollen auch unter dem Schutz der Feen stehen, und wenn ein Sterblicher sie beschädigt oder zerstört, wird ihm und seiner Familie ein Fluch auferlegt.

Irland und auch Island gehören zu den wenigen Ländern im Westen, die Feen anerkennen und verehren. Beide Länder lassen nicht zu, dass Natur für den industriellen »Fortschritt« zubetoniert oder zerstört wird, wenn dabei ein magisches Tor oder ein Feenpfad in Mitleidenschaft gezogen wird.

Es ist fast unmöglich, einen magischen Zugang in einem Hügel oder einer Wallburga zu finden, wenn die Feen dies nicht wünschen. Es gibt zahlreiche Geschichten von Leuten, die in einem Hügel verschwunden sind und viele Jahre – mitunter Hunderte von Jahren – nicht mehr gesehen werden. Wenn sie schließlich nach einem Zeitraum, der ihnen wie ein Tag vorkommt, zurückkehren, sind sie nicht mehr sie selber und passen weder in die Welt der Menschen noch die der Feen.

Als die Sterne über dir funkelten,
um deinen Weg durch die dunkle Nacht zu beleuchten,
hast du in einem Kreis aus Blumen
den Eingang zu einem Feenhügel gefunden,
und als du mutig diesen Schritt getan hast,
in einer Welt verflochten, musstest du weinen.
Halte am Licht fest und lass es hell leuchten.
Halte mit aller Kraft an der Wahrheit fest.
Halte am Licht fest und lass es hell leuchten,
das war die Erkenntnis jener Nacht.

Steinkreise

Mysterium und Magie der alten Traditionen rufen uns durch die altertümlichen Markierungen des Landes, wie zum Beispiel die Hinkelsteine. Sie sind die Lehrmeister, die stumm dastehen und jedes Detail der vergangenen Jahrhunderte bezeugen und absorbieren. In ihren genetischen Codes ist Wissen der Frühzeit enthalten. Wenn man also Zeit mit diesen sanften Riesen verbringt, lässt sich die Tür zur Vergangenheit öffnen.

Viele Geheimnisse und Mythen umranken die megalithischen Orte, und unter den Stätten lassen sich noch viele unbekannte Aspekte entdecken. Denn diese uralten Steine wurden aus einem bestimmten Grund auf natürlichen Kraftpunkten errichtet.

In Hinkelsteinen sind die Geheimnisse des Landes gespeichert. Sie locken uns an, damit wir wieder einen Zugang zu den uralten Traditionen der Feen bekommen und im Gleichgewicht mit der Natur leben. Tief in Ihrem Inneren wissen Sie, dass diese Naturverbundenheit ein Aspekt Ihres wahren Ichs ist. Wenn Sie diese Verbundenheit spüren, können Sie darauf vertrauen, dass die Hinkelsteine Sie wieder zu den Wurzeln Ihrer Seele zurückbringen werden.

Ein Ausflug zu den Steinkreisen wie Stonehenge oder Avebury in Wiltshire, England – zwei meiner Lieblingsorte – oder den Steinreihen von Carnac in Frankreich ist eine tolle Methode, um sich auf Feen, Landgeister und die Energie der Druiden, die an solchen Plätzen heilige Sonnenzeremonien abhielten, einzustimmen. Das Element Feuer wird an diesen Orten verehrt.

Vergessen Sie nie, den Wächter des Ortes darum zu bitten, Ihnen magischen Einlass zu gewähren. Dann können Sie die uralten Weisheiten der Steine und die Kraft anzapfen, die tief in der Erde gespeichert ist und die die Fußstapfen unserer neolithischen Vorfahren und die Passage noch älterer Feen in sie hinein gestampft haben!

Übung: Steinkreismeditation mitten im Winter

Blicken Sie an den samtigen Nachthimmel mitten im Winter und betrachten Sie die funkelnden Sterne. Das Licht des Vollmonds leuchtet hell auf den verschneiten Boden, der zurückfunkelt. Das ist die Jahreszeit, in der sich die Magie von selbst offenbart und die innere Aufregung über das Mysterium Purzelbäume schlägt.

Sie befinden sich an einem Waldrand, der mit glitzerndem Frost und schimmerndem Eis geschmückt ist. Die kahlen, nackten Bäume sind dunkle Silhouetten in der Nacht.

Plötzlich ist Ihnen, als würde etwas mit hoher Geschwindigkeit an Ihnen vorbeirauschen. Sie können zwar nichts sehen, aber Sie fühlen, dass ein starkes Kribbeln Sie wie eine Zauberwelle überkommt. Während Sie die Energie einatmen, blicken Sie auf den Boden und bemerken kleine Tierspuren im weichen Schnee. Sie verspüren das Verlangen, ihnen zu folgen. Beim Betreten des Waldes beschließen Sie, den Schutz der Feen herbeizurufen, und so sagen Sie:

»Der Wald ruft mich. Ich bin so mutig,
durch die Kälte und Dunkelheit zu gehen.
Feen, heute Nacht bitte ich euch inniglich:
Beschützt mich vor allem Schrecken.«

Während Sie tapfer im Dunkeln weitergehen, hören Sie das Knirschen des Schnees unter Ihren Stiefeln und passen Ihre Sicht an, bis Sie in der Ferne einen Stern funkeln sehen. Sie folgen ihm und stapfen durch den Wald, schieben Äste beiseite, die Ihnen den Weg versperren, und steigen über Dickicht, das sich unter der schweren Schneelast biegt. Dabei richten Sie die Augen fest auf den prächtigen Stern.

Plötzlich stehen Sie auf einer Lichtung. Vor Ihnen erhebt sich ein uralter Steinkreis. Sie staunen und spüren die starke, machtvolle Energie der Steine.

Während Sie den Stern, dem Sie gefolgt sind, ansehen, merken Sie, dass es nicht nur ein Stern, sondern zwei sind, und dass sie scheinbar immer näher kommen. Hey, es sind gar keine Sterne! Vor Ihren Augen enthüllen sie ihre wahre Gestalt: Es sind Augen, und jetzt taucht im Mondschein eine Kreatur auf. So schwarz wie der Nachthimmel, mit einem weißen Fleck wie der Mond auf der Brust schleicht sie um einen Hinkelstein herum. Es ist eine Katze! Eine schwarze Feenkatze! Sie trauen Ihren Augen kaum, denn Sie dachten immer, die Katze Sidhe sei nur ein Mythos aus längst vergangenen Zeiten.

Nun erscheint eine Feenführerin, und als sie Ihre Hand nimmt, fühlen Sie sich sicher und wohl. Vorsichtig gehen Sie mit ihr auf die Mitte des Steinkreises zu. Die Feenkatze macht einen Buckel, und beim Anblick ihres gesträubten Fells zucken Sie leicht zusammen. Dann beobachten Sie staunend, wie sich zwischen ihren

Schultern schimmernde, hauchzarte Rabenflügel entfalten. Plötzlich versammeln sich neun winzige Schildpatt-Feenkätzchen mit wunderschönen Schmetterlingsflügeln um sie. Die bunten Feenkätzchen fliegen und tanzen umher, während sie Sie mit Zauberglitzer bestreuen und miauend in Rätseln sprechen:

»Wie du es erwartest, ist es nicht!
Eine Feenkatze zeigt im Schnee sich.
Nach der Enthüllung ist es Zeit zu wählen.
Die neue Gestalt ist ein Geschenk –
es gibt nichts zu verlieren.

Etwas verwundert über ihre Botschaft bemühen Sie sich, sie zu enträtseln. Die fliegenden Feen hören Ihre Gedanken und antworten kichernd mit einem Lied:

»Kein Grund, alles Gehörte zu deuten.
Eine Feenkatze wird verbannen Angst und Sorgen.
Ihr Geschenk wurde gut verborgen,
doch nun ist es überreicht – die Antwort wurde gegeben!

Ihre Feenführerin wendet sich Ihnen zu und erklärt, dass eine Feenkatze sich nur denjenigen zeigt, die bereit sind, auf ihr Schicksal zuzugehen. Denn die Katzen werden Sie in eine Verkleidung hüllen und es Ihnen ermöglichen, die Gestalt des Wesens anzunehmen, dessen Stärke und Fähigkeiten Sie für jeden Schritt auf Ihrer Reise brauchen.

Sie schwenkt ihren Zauberstab, woraufhin Sie auf die Größe schrumpfen, die in eine Hosentasche passt. Dann setzt sie Sie auf den Rücken der schwarzen Feenkatze. Sie breitet die Rabenflügel aus, und im Handumdrehen fliegen Sie über den schwarzen, juwelenbestückten Samthimmel.

Über die glitzernde verschneite Welt zu fliegen und die Magie des Monds einzuatmen, während Sie in der erneuernden weiblichen Energie der Katze baden, ist berauschend.

Sie hören Feenstimmen singen:

»Genieße die Flugreise
und werde eins
in dieser Nacht
erst mit dem Mond, dann mit der Sonne.«

Schließlich setzt die Feenkatze Sie wieder in der Mitte des Steinkreises ab und Sie stellen fest, dass es schon hell geworden ist. Jubel ist zu hören, als Sie wieder zu Ihrer vollen Größe wachsen und das erste Leuchten der aufgehenden Sonne erblicken. Das gedämpfte, warme Licht der Wintersonne strömt durch den Steinkreis und Sie baden in seiner Energie. Die Kraft der Sonne, die an diesem Julmorgen wiedergeboren wird, füllt jeden Teil von Ihnen mit Energie. Sie lassen zu, dass diese Energie Ihr Wesen erneuert, um Sie darauf vorzubereiten, in jeder Hinsicht Ihr wahres Selbst zu werden.

Sie spüren das weiche Fell, das um Ihre Beine streicht, und sehen, dass die Feenkatze sich mit Ihnen anfreunden will. Durch ihr lautes Schnurren bietet sie Ihnen Schutz in Form von Shapeshifting-Fähigkeiten und eines Umhangs der Unsichtbarkeit an, wann immer Sie ihn brauchen. Ein Miau reicht, um sie um ihre Unterstützung zu bitten!

Sie bücken sich, weil die Feenkatze sich von Ihnen streicheln lässt – was für eine Ehre! Währenddessen spielen die Feenkätzchen um Sie herum.

Wenn Sie bereit sind, Abschied zu nehmen, bringt Ihre Feenführerin Sie zurück an den Waldrand. Dort nehmen Sie sich vor, in Zukunft ein Schüsselchen Milch als Dank für Ihre vierbeinigen Feenfreunde hinzustellen. Denn in dieser mystischen Zeit mitten im Winter wurden Sie trotz der »Fast-Ausrottung« der Wildkatzen willkommen geheißen und als allmächtige *Felis Fae* eingeführt.

***

Feenkatzen

Die Kelten waren davon überzeugt, dass Katzen ein starkes bewusstes Wissen und Zauberkräfte der Prophezeiung haben und ihr eigenes Feengericht abhalten. Nach ihrem Glauben streiten sich Feenkatzen um ihre verborgenen Schätze und treffen Absprachen, um im Gegenzug zur Unterwerfung unter das Feenreich Menschen Schätze zu schenken.

Auch ging man davon aus, dass Katzen die Vertrauten der Hexen sind. Sie werden von einem Feengericht als Vermittler zwischen dem Gericht und der Hexe geschickt. In ihrer Vermittlerrolle hilft und beherrscht die Katze die Hexe, denn ihre Aufgabe besteht nicht nur darin, der Hexe zu helfen, sondern auch, dafür zu sorgen, dass sie die Befehle der Feenkönigin und des smarten schwarzen Katzenkönigs ausführt.

In den Feenmärchen der Bretonen trifft eine Person mitunter eine Vereinbarung mit einer Katze, um Reichtum zu erlangen und im Gegenzug den Feen zu dienen. Dänische Erzählungen berichten von einem Troll, der die Gestalt einer Katze annimmt, um sich zu verstecken, nachdem er einer Affäre mit dem König der Trolle beschuldigt worden ist.

In ganz Nordeuropa glaubten die Kelten, Hausfeen würden die körperliche Gestalt von Katzen annehmen.

In der Nacht, nachdem ich die Vision der Meditation der Feenkatze im Steinkreis hatte, sprang etwas beim Einschlafen auf mein Bett. Ich erstarrte vor Schreck, bis ich Samtpfötchen auf meiner Decke spürte und merkte, dass ich eine Feenkatze in mein Leben geholt hatte, indem ich mich auf sie konzentriert und ihr Energie gegeben hatte. Jetzt war sie da und machte es sich für die Nacht bequem. Während sie sich auf meinem Bett zusammenrollte, ließ ich sie wissen, dass sie herzlich willkommen war. Mittlerweile ist sie ein regelmäßiger Gast in meinem Schlafzimmer und kommt fast jede Nacht an. Ich hab es nur noch nicht meiner schwarzen Katze Anubis gestanden!

Zusammenfassung

- Das Feenland ist zwar in einer anderen Dimension, aber durch Tore zugänglich.
- Feenkreise wachsen auf natürliche Weise und bestehen aus Pilzen und Giftpilzen.
- Bitten Sie immer um Erlaubnis, bevor Sie in einen Feenkreis hineingehen.
- Münzen in einen Wunschbrunnen zu werfen ist ein Tauschhandel mit den Wassergeistern.
- Wegkreuzungen sind magische Treffpunkte, an denen sich Menschen und Feen begegnen können.
- Die Sidhe leben in Feenhügeln in den schottischen und irischen Hügeln.
- Steinkreise bezeugen die Macht heiliger Ley-Linien und enthalten uraltes Wissen.
- Feenkatzen schenken Menschen Schätze; als Ausgleich unterwerfen sich die Menschen dem Feenreich.

Kapitel 8
Feenglamour

Eine königliche Aufforderung zum Umherspringen
lädt dich ins Feengericht.
Trompeten erklingen singend
zu Ehren des Fests.

Es war einmal in einem verzauberten Land weit, weit weg, in dem ein König mit seiner Königin lebte…

Und sie leben immer noch dort, färben unsere Träume bunt und beflügeln unsere Kreativität über unsere Fantasie.

Auf diese Weise ist es für Feen viel leichter, von uns ernstgenommen zu werden. Aber denken Sie jetzt bloß nicht, das Feenreich sei nur das Ergebnis einer lebhaften Fantasie. Glauben Sie mir: Es gibt Feen wirklich! Sie leben genauso wie wir in Gesellschaften und haben Hierarchien – sogar ein Klassensystem.

Königshöfe

»Umherziehende Feentruppen« sind der Adel unter den Feen. Sie sind für ihre berühmten Prozessionen bekannt. Sie leben auf königlichen Höfen, die von Prinzen, Prinzessinnen, Lords und Ladies besiedelt werden und über die ein Feenkönig und eine Feenkönigin herrschen.

Die Königshöfe sind ähnlich wie die menschlichen Gegenstücke in England, Skandinavien und anderen Ländern Europas organisiert. Feengesellschaften spiegeln unsere Gesellschaft wieder. In Ländern wie den USA und Australien zum Beispiel haben sich die Feen ihren Gesellschaften angepasst, um der Hierarchie und Kultur ihres Gastlandes zu gleichen.

Es gibt viele königliche Feenhöfe an den verschiedensten Orten, darunter die Königshöfe Seelie und Unseelie in Schottland. Während der königliche Hof Seelie freundlich ist, ist Unseelie es nicht, und man sollte daher einen großen Bogen um ihn machen. Die Feen an diesem Hof stehen für die Wildnis der ungezähmten Landschaft und des »dreich« Wetters des schottischen Hoch- und Tieflands.

Feenköniginnen und -könige

Eine Feenkönigin herrscht über ihren Königshof. Der Feenkönig hat nicht so viel Macht wie die Königin, da die weibliche Fee die magische Personifizierung von Mutter Natur ist.

Der Feenkönig ist jedoch der Beschützer der Königin und des Königreichs. Auch Sie werden als Kundschafter der Feen unter seinen Schutz gestellt. Er wird mit Ihnen durch jeden persönlichen düsteren Wald ins helle Sonnenlicht auf der anderen Seite reiten.

Einst wurden Feenköniginnen und -könige von der Menschheit respektiert und verehrt. Sie waren unsere Götter und Göttinnen, bis sie in den »Ruhestand« der Mythen und Legenden geschickt wurden.

Doch unabhängig davon, wie weit sie zurück in die Vergangenheit gedrängt wurden, sind diese königlichen Vertreter noch immer das herrschende Bewusstsein unserer geliebten natürlichen Welt. Sie erinnern uns daran, wer sie sind, und sie belohnen uns immer königlich, wenn wir uns ihnen voller Bewunderung zuwenden. Dies sind einige von ihnen:

- *Aine* (irisch): Mittsommerkönigin der Liebe, des Wachstums, Viehs und Lichts.

- *Arown* (walisisch): Mächtiger König von Annwn, des walisischen Feenlands.
- *Arianrhod* (walisisch): Königin der Fruchtbarkeit, Wiedergeburt und des Webens kosmischer Zeit und des Schicksals
- *Badb* (irisch): Kriegerkönigin des Lebens und des Todes, der Weisheit und Inspiration, die ihre Gestalt verändern kann
- *Blodeuwedd* (walisisch): Königin der Blumen und der Schönheit. Ihr Name bedeutet »Blumengesicht«
- *Branwen* (walisisch): Königin der Liebe. Ihr Name bedeutet »Gesegneter Rabe«
- *Brigid* (irisch): Feenkönigin von Irland, England und Schottland. Sie wird auch Brigantia und Bride (Braut) genannt.
- *Cailleach Bheur* (schottisch): Das alte Weib; Königin der Zerstörung, die über Krankheiten, Tod, Weisheit, Rituale der verschiedenen Jahreszeiten und Wetterzauber herrscht
- *Caireen* (irisch): Schutzkönigin und Schutzherrin der Kinder
- *Coventina* (englisch): Königin der heiligen Gewässer
- *Danu* (irisch): Feenkönigin der Tuatha dé Danann
- *Epona* (irisch): Feenkönigin der Pferde und Maultiere
- *Finvarra* (irisch): Gatte der Königin Oonagh (*siehe unten*). Frauenheld und Geliebter sterblicher Frauen
- *Flidais* (irisch): Königin der Wälder, Wildtiere und des Viehs

- *Gwynn ap Nudd* (walisisch): Durch seine Verlobung mit der Feen Creiddylad wird der Wechsel vom Winter zum Frühjahr gefeiert.
- *Mab* (walisisch/englisch): Mächtige Königin aller Feen. Auch Maeve (irisch) genannt
- *Manannan Mac Lir* (Manx): König der irischen See, der Isle of Man und des Volkes der Tuatha dé Danann
- *Midar* (irisch): König von Tuatha dé Danann, der eine sterbliche Königin geliebt und verloren hat
- *Morgan Le Fay* (walisisch/bretonisch): Königin von Avalon, Meeresfee, Hüterin des Feenglaubens
- *Naimh* (irisch): Königin von Tír na nÓg – »Die mit goldenen Haaren und von strahlender Schönheit«
- *Nimuë* (britisch): Dame des Lake of Avalon. Verführerin, faszinierend
- *Nuada* (irisch): Kriegerkönig der Tuatha dé Danann. Er verlor eine Hand, die durch eine Hand aus Silber ersetzt wurde.
- *Oberon* (germanisch): Gatte der Feenkönigin Titania. Er wurde durch Shakespeares *Ein Sommernachtstraum* berühmt.
- *Oonagh* (irisch): Königin der Anmut und Schönheit. Mit König Finvarra von Irland verheiratet
- *Rhiannon* (walisisch): Keltische Königin der Nacht, der Fruchtbarkeit, des Mondes und des Todes
- *Wayland the Smith* (angelsächsisch): Elfenkönig und Schmiedmeister der Pferde und des Vollmondes.

Feenköniginnen strahlen in ihren glitzernden, hauchzarten Kleidern. Sie alle haben starke, temperamentvolle Eigenschaften, die wir aufrufen können, wenn wir stark, frech und mutig sein müssen. Und dennoch haben sie auch schöne, umsorgende, mitfühlende Seiten, die uns durch unsere eigenen Lebensphasen und Veränderungen führen.

Eine Feenkönigin lehrt uns, andere anzuführen, uns mit ihnen und uns selbst zu vereinen und unsere eigenen Grenzen zu setzen, damit wir über unser eigenes Königreich herrschen. Sie erinnert uns daran, die absolut höchste Version unserer selbst zu sein – bezaubernd, verführerisch und in Eigenkontrolle. Durch diese königliche Aufforderung werden wir dazu angehalten, ein Blatt aus ihrem Buch herauszunehmen, uns und die Welt der Natur zu respektieren, im Leben aus dem Vollen zu schöpfen und jede Erfahrung freudig anzunehmen.

Es tut der Männlichkeit von Feenkönigen keinen Abbruch, wenn sie ihre sensible Seite zeigen, aber sie scheuen auch nie vor Tapferkeit, Entscheidungsfreudigkeit und Heldenhaftigkeit zurück. Egal, ob Sie ein Mann oder eine Frau sind – Feenkönige werden Ihnen dabei helfen, Ihre männliche Seite ohne unnötige Aggression anzuzapfen. Und jeder von uns – ob Mann oder Frau – hat eine innere Feenkönigin, die es uns leichter macht, uns mit der ungezähmten, herrlichen weiblichen Sexualität zu verbinden.

Indem wir beide – die Feenkönigin *und* den Feenkönig – rufen, können wir das Gleichgewicht unserer Beziehungen zu anderen und zu uns selbst herstellen und so zu den magischen Herrschern über unser eigenes Königreich werden!

Königliche Zauberformel

Prozessionen von Feenkönigen und Feenköniginnen
marschieren unsichtbar vorbei.
Doch was ruft dich, Kind der Morgendämmerung?
Noch so jung und dennoch von den Magischen eingeschworen,
über die Wahrheit und das Wunder des wahren Gartens zu wachen.
Die Herausforderung beginnt,
also beachte Gelerntes, um Dinge zu zeigen
und weiterzugeben.
Es ist die Ehre, für die du stehst,
also bewirke im Land Veränderung.
Feenkönig und Feenkönigin,
Feenkreise und gesehene Feen
suche nach ihrer Weisheit, du findest sie überall.
Sprich ihre Wahrheit, denn die Magie ist im Überfluss.

Glamour

Immer wenn Feen von Menschen gesehen werden wollen, wenden sie Feenmagie an, um ihre Schwingung zu verlangsamen. Manchmal betonen sie ihre strahlende Schönheit absichtlich, um uns mit allen möglichen Feenverlockungen, Zaubereien und anderen Täuschungen anzuziehen. Diese Art der Magie nennt sich »Glamour« und ist in der Welt, in der wir leben, nicht real. Aber Feen wenden ihn an, um sich in Tiere zu verwandeln, um kleiner oder größer zu wirken, als sie tatsächlich sind, und um uns in menschlicher Gestalt und so, wie wir es erwarten, zu erscheinen. Die wunderschöne, böse Königin wandte ein wenig Feenglamour an, als sie als alte Frau erschien und dem verwundbaren und ahnungslosen Schneewittchen einen glänzenden roten Apfel anbot. Dieses Märchen ist das perfekte Beispiel für Glamour.

Unsere Vorfahren waren mit Glamour allzu vertraut. Es war beispielsweise bekannt, dass Feen mitunter eine menschliche Hebamme brauchten. Daher wandten sie Glamour an, um sich als Menschen zu verkleiden und die Hebamme nicht zu verschrecken. Doch Schriftstücke aus dem 13. Jahrhundert beschreiben eine Feensalbe, die eine Feentäuschung offenbaren konnte, wenn man sie in die Augen von Menschen rieb.

In der Realität sind Feenköniginnen und -könige für ihre betörende sexuelle Anziehungskraft bekannt. Denn das Feenreich ist die treibende Kraft, die alles natürliche Leben und seine ständige Reproduktion antreibt. Daher strahlen Feen Sexualität und Laszivität aus, die sie als heilig und ganz natürlich verehren. Diese starke Energie geben sie auf natürliche Weise an uns weiter, wenn wir mit ihnen in Berührung kommen, und so bewirken sie, dass wir uns gut fühlen und den Wachstumskreislauf der Natur am Leben erhalten.

Manche Feen wenden gern Glamour an, um damit Unsinn zu treiben. Sie bewegen Gegenstände, verwirren oder lenken Menschen ab. Lassen Sie sich nicht in die Irre führen, wenn Sie auf einen unbekannten Weg geführt werden, wo ein Feenfest auf Sie wartet. Bei Feenglamour ist nicht alles so, wie es aussieht, und in unserer Dimension kann man der Feenmahlzeit nicht trauen.

Es schadet jedoch nicht, von Zeit zu Zeit ein bisschen Glamourzauber zu veranstalten, und die Feen lieben Kreatives! Sie verstehen auch, dass wir eine Schwäche für Schönheit haben und uns gern von unserer schönsten Seite zeigen.

Feen haben ihre eigene Schönheitsroutine, die mit magischen Tipps und Tricks der Natur gespickt ist und die sie nur zu gern mit uns teilen, wenn wir sie darum bitten. Einer meiner

Lieblingsfeentricks ist, mir im Morgengrauen das Gesicht mit Morgentau zu befeuchten und so seine verjüngenden Eigenschaften zu nutzen.

Übung: Eine Schönheitsmeditation

Wenn Sie etwas Glamour in Ihren Alltag bringen möchten, dann suchen Sie sich einen ruhigen, bequemen Platz – vorzugsweise neben einer Pflanze oder an einem sicheren Ort draußen in der Natur.

Entspannen Sie sich, schließen Sie die Augen, nehmen Sie drei tiefe, reinigende Atemzüge, und sagen Sie, wenn Sie dazu bereit sind:

»Feen der Schönheit, bitte helft mir,
für alle sichtbar verführerisch zu sein.
Teilt bitte eure Tricks mit mir,
macht mich so hübsch und vollkommen, wie ihr es seid.«

Stellen Sie sich nun vor, dass Sie auf einer Wiese neben einem kristallklaren blauen Teich sitzen. Es ist die magische Feenzeit der Morgendämmerung. Sehen Sie, wie die Sonne langsam an den Himmel steigt. Baden Sie in ihrer nährenden Energie, während Sie sich entspannen und den Vögeln lauschen, die ihre Morgenlieder singen.

Sie blicken über die Wiese und sehen strahlende kleine Lichtkreise, die in der Ferne tanzen. Beim Näherkommen werden sie immer größer und heller, bis Sie sie klar als Feen erkennen können – als wunderschöne Feen. Es sind die Feen der Schönheit, die Ihre Bitte gehört haben und Ihnen zu Hilfe geeilt sind.

Die Feen bringen Sie an den strahlend blauen Teich und fordern Sie auf, sich am Rand hinzuknien. Das Wasser ist so klar, dass

Sie Ihr Spiegelbild sehen können – doch es ist nicht das Bild, das Sie erwartet hatten. Ihr Spiegelbild sieht zwar aus wie Sie, doch es gibt ein paar bemerkenswerte Unterschiede: Ihr Haar ist dichter, glänzender und genau so, wie Sie es sich immer gewünscht haben; Ihre Gesichtshaut ist glatt und strahlend; Ihre Augen glitzern wie Edelsteine und Ihre Zähne sind perlweiß. Sie strotzen vor Gesundheit und betörender Schönheit, die Ihnen beinahe den Atem raubt.

Doch dann bemerken Sie, dass das noch nicht alles ist, denn aus Ihrem Rücken ragen ätherische hauchzarte Flügel heraus, Sie haben elegante Elfenohren und tragen ein Kleid aus zarten Blüten und filigranen Weben.

»Das ist dein natürliches Feenselbst«, singen die Feen der Schönheit einstimmig. »So sehen wir dich. Schau dich näher an!«

Als Sie in den Teich blicken, merken Sie, dass Sie nicht nur wunderschön sind, sondern auch von innen heraus leuchten. Sie strahlen Selbstvertrauen, Stärke, innere Kraft und natürlich Schönheit aus. Goldene Energie tanzt und schwirrt um Sie herum. Atmen Sie tief ein und baden Sie in Ihrer strahlenden Erscheinung!

Die Feen der Schönheit bieten Ihnen in der heilenden Sonnenenergie einer Butterblume einen Schluck frischen Morgentau an. Spüren Sie, während Sie aus der goldgelben Blüte trinken, wie die Lebenskraft der Natur jeden Teil von Ihnen aufweckt.

Während Sie die potenten Energien in sich aufnehmen, werden Sie mit dem Geschenk eins, das Mutter Natur Ihnen macht – Ihrer natürlichen Schönheit, die Sie schon immer hatten.

Danken Sie zum Schluss den Schönheitsfeen dafür, dass sie Ihnen Ihre Vollkommenheit offenbart haben. Holen Sie nun tief Luft und öffnen Sie die Augen.

Liebesfeen

Feen sind natürliche Umsetzer, die alles, was sie wollen, real machen können. Auch wir können das, nur haben wir das Problem, dass sich unser Ego dann meldet und wir bewusst oder unbewusst unsere Fähigkeit, Dinge zu manifestieren, anzweifeln. Glücklicherweise können wir jedoch die Feen bitten, uns bei der Umsetzung unserer Wünsche zu helfen.

Wenn Sie Romantik in Ihr Leben holen oder die große Liebe finden möchten, dann können Sie die Liebesfeen rufen. Sie sind Experten auf diesem Gebiet. Die Liebesfeen widmen sich begeistert allen Herzensangelegenheiten und sind mehr als bereit, Sie dabei zu unterstützen, romantische Liebe zu finden. Genauso gern verhelfen sie zu Selbstliebe und Liebe zu allem Leben, wenn Sie sie darum bitten.

Übung: Liebeszauber der Feen

- Erstellen Sie eine Wunschliste, auf der Sie alle Liebe und Romantik auflisten, die Sie sich für Ihr Leben wünschen.
- Zünden Sie eine rote Kerze an und sehen Sie den winzigen Feuergeistern zu, die in der flackernden Flamme tanzen. Feuer ist das Element, das Leidenschaft, Liebe und Anziehungskraft entzündet; auch stimuliert es Ihre Vorstellungen und Visionen, um die Romantik wahrwerden zu lassen, nach der sich Ihre Seele sehnt.
- Atmen Sie drei Mal tief ein, während Sie in die flackernde Flamme sehen.
- Sagen Sie nun:

»Feen der Romantik, bringt mir den Einen / die Eine.

Schicke einen Liebeszauber, der ewig währt.

Zeige mir bitte den Weg, während ich eine Kerze anzünde.
Ich habe in den Flammen ein Bild vor Augen,
während ich ihre Essenz mit dem Herzen aufsauge
und mir Liebe wünsche, die nie verjährt.«

- Schließen Sie die Augen und fühlen oder sehen Sie mit dem geistigen Auge eine herrliche rote Blase, die Sie umgibt. Spüren Sie die Wärme der Farbe, bis Ihr Herz glüht, während es sich wie eine prächtige rote Rosenblüte entfaltet.
- Sagen Sie nun:

»Feen der Liebe, ich rufe euch.
Umgebt mich mit Romantik in allen Dingen.
Nun, da ich meine Sehnsüchte mitgeteilt,
möchte ich meine leidenschaftlichen Träume entfachen,
um Schönheit und Liebe in mein Leben zu bringen.
Möge das Geheimnis der Liebe sich jetzt entfalten,
um mir Romantik, Küsse und Gelächter zu bringen
und immer in meinem Herzen zu bleiben,
bis in alle Ewigkeit.«

- Plötzlich platzt die rote Blase, und Hunderte von zarten, köstlich duftenden roten Rosenblättern regnen auf Sie herab. Während sie sanft auf den Boden fallen, erscheinen die Rosenfeen. Es sind die Liebesfeen, die Sie herbeigerufen haben. Nehmen Sie sich alle Zeit, die Sie brauchen, um ihnen Ihre Träume und Hoffnungen für Liebe und Romantik in allen Einzelheiten zu beschreiben.
- Eine rosarote Fee zeigt auf die Flamme der roten Kerze, die Sie angezündet haben. In der Flamme sehen Sie das

Bild Ihrer großen Liebe. Sie sehen zu, während sich eine Szene abspielt, die aus all Ihren Traumen und Wünschen besteht.

- Hüllen Sie nun diese Vision in Liebe ein und halten Sie an ihr im Herzen fest. Fühlen Sie, wic Magie stattfindet, während Sie die Essenz Ihrer großen Liebe einatmen und erleben, wie Ihre Energien harmonisch verschmelzen.
- In einem Wirbelwind aus Rosenblättern tanzen die Liebesfeen um Sie herum und verschwinden dann in ihr Reich, da sie nun mit der Umsetzung aller Versprechen, die Ihnen gemacht wurden, beschäftigt sein werden.
- Nehmen Sie nun Ihre Wunschliste und lassen Sie zu, dass die Feuergeister sie sicher in der Flamme verzehren und alle Zweifel oder Selbstzweifel, an denen Sie womöglich festgehalten haben, auflösen.
- Nun sind Sie frei und bereit, die Liebe und Romantik zu empfangen, nach der Sie sich so lange gesehnt haben, denn Ihr Herz wurde entfacht!
- Sagen Sie:

»Tief in meinem Inneren weiß ich nun,
dass der Mensch, den ich liebe, wunderbar weise ist
und schon von Anfang an bei mir war.
Ich bin es, denn ich habe mir gewünscht, alles zu sein, was ich bin!«

Unsere Feenpatin

Die meisten von uns wünschen sich eine Feenpatentante, die uns in schweren Zeiten zur Seite steht oder den Zauberstab schwenkend einen Wunsch erfüllt. Zum Glück gibt es dieses Zauberwesen! Unsere Feenpatin hat magische Kräfte und bringt jedem

Glück, der sie um Hilfe bittet. Sie wacht vom verzauberten Feenreich der Astralebene aus über uns, während sie darauf wartet, gerufen zu werden. Sie ist die getarnte Göttin und kann in Gestalt der Jungfrau, Mutter oder weisen Alten erscheinen, je nachdem, welche Figur gebraucht wird.

Sie ist schon seit der Geburt der Magie da und ihre Macht ist gewaltig. Sie herrscht über unser Schicksal, indem sie ihre Webe spinnt. Sie erinnert uns daran, dass fehlender Glaube unsere innere Mystik und Stärke zerstört und dass jetzt die Zeit ist, unser Geburtsrecht einzufordern!

Damals, als die alten Traditionen noch geachtet wurden, holten sich die weisen Dorffrauen junge Mädchen als Lehrlinge und brachten ihnen bei, wie man Kräuter und die Magie der Natur nutzt. Sahen die Mädchen diese Frauen womöglich als Feenpatin an?

Unsere Feenpatin ist zwar weise, aber nicht weich. Sie gibt uns wichtige Lehren mit auf den Weg und enthüllt harte Wahrheiten, damit wir alles oder jeden loslassen können, das oder der uns ausbremst, und eine neue Welt an Möglichkeiten, Freiheiten und Magie entdecken können.

Nachdem Sie die Feenpatin gerufen haben, wird Ihr Leben nie mehr so sein wie vorher. Sie wird Ihnen ein Gefühl der Selbstgenügsamkeit vermitteln, das Sie daran erinnert, dass alles, was Sie brauchen, ganz nahe ist. Wenn Sie wissen, wie Sie es erschaffen können, ist es sogar immer erreichbar. Das Märchen von Cinderella ist ein gutes Beispiel dafür. Die Feenpatin schwenkt den Zauberstab und verwandelt den Kürbis in eine Kutsche und die Ratte, die Mäuse und Eidechsen in den Kutscher, der Cinderella zum Ball bringt. Alle Zutaten waren schon vorhanden – sie brauchte bloß erfinderisch sein!

Wenn Ihre Feenpatin auftaucht, hat sie immer ein mitfühlendes Ohr für Sie, doch sie wird auch dem Problem auf den Grund gehen und alle Illusionen zerstören, die Sie blind für die Wahrheit gemacht haben. Seien Sie stark, mutig und getröstet im Wissen, dass Ihre Feenpatin nur Ihr höchstes Wohl im Sinn hat.

Sie wird Sie dazu auffordern, in den Zauberspiegel zu schauen – einem uralten Instrument für Wahrsager, das die Vergangenheit, Gegenwart und Zukunft sowie alle Wahrheiten aufdeckt. Denn Zauberspiegel lügen nie und unterstreichen nur das Grundprinzip der Magie: nämlich dass Sie nicht immer die gewünschte Antwort bekommen! Doch in jedem Märchen gibt es Kämpfe zwischen Gut und Böse, und Ihre Feenpatin ermutigt Sie vielleicht dazu, Ihr Schattenselbst zu erkennen und mit ihm zu arbeiten. In der Magie gibt es einen Platz und einen Grund für das Dunkle. Jeder Held und jede Heldin muss für eine gewisse Weile durch den dunklen Wald irren, bevor er oder sie ans Licht und das glückliche Ende kommt.

Viele Märchen beschreiben die Feenpatin jedoch als gütige Fee, die zuhört, mitfühlt und hilft, Wünsche wahrwerden zu lassen. Man denke an Cinderellas eigene gute Feenpatin und an die »gute Hexe« Glinda im *Zauberer von Oz*. Ihre liebevollen Eigenschaften basieren auf dem mütterlichen Aspekt der Göttin der Dreifaltigkeit. Sie ist es, die Ihnen in der Not beisteht, Ihre Tränen trocknet und Sie aufheitert, während sie alles in Bewegung setzt, um Ihre Wünsche wahrwerden zu lassen.

Ihre Feenpatin kann Sie bei all Ihren echten Bedürfnissen unterstützen. Also rufen Sie sie herbei und lassen Sie sich von ihr dabei helfen, Ihr wahres Potenzial freizusetzen…

Übung: Rufen Sie Ihre Feenpatin

- Schließen Sie die Augen und atmen Sie drei Mal tief ein. Stellen Sie sich vor, Sie säßen zur magischen Zeit der Abenddämmerung vor einem reich verzierten goldenen Spiegel. Schauen Sie in den Zauberspiegel und fassen Sie eine Absicht, indem Sie sagen:

» Spieglein, Spieglein, gibt mir Einsicht.
Zeig mir die Schatten durch das Licht.
Zeig mir den, der mich gut beschützt,
so dass wir uns durch deinen Zauber begegnen.
Ich nehme die neuen Kräfte in mir an.
Spieglein, Spieglein, lass mich erkennen.«

- Zünden Sie nun eine weiße Kerze an und schauen Sie in die Flamme. Atmen Sie tief durch Ihr Herzzentrum ein und aus. Spüren Sie die Wärme Ihres Herzens, während es sich in überwältigender Liebe ausdehnt. Die Zeit ist gekommen, Ihre Feenpatin herbei zu rufen. Sagen Sie:

»Ein verzaubertes Gefühl herrscht in meinem Herzen.
Das Leuchten der heiligen Flamme zeigt mir den Beginn.
Ich schaue in den Spiegel, denn ich will meine Feenpatin sehen,
die jetzt vor mir erscheinen wird.«

- Das Kerzenlicht flackert über die Schatten im Spiegelglas, bis es Gestalt annimmt und sich in eine prächtige Feenpatin verwandelt – in *Ihre* Feenpatin!
- Als sie lächelt, strömt die Liebe in Ihrem Herzen zu ihr. Sie ist wunderschön. Sie bewundern ihr Kleid, ihr Haar

und den Schmuck, den sie trägt, und den mächtigen Zauberstab in ihrer Hand. Sie strahlt Magie, Güte und eine Kraft aus, in der tiefe, uralte Weisheit steckt. Lassen Sie sich genug Zeit, sie anzusehen, sie wirklich zu *sehen*. Spüren Sie ihre Wärme und Liebe und vergessen Sie nicht, dass Sie sie auf einer tiefen Zellenebene längst kennen. Nehmen Sie sich die Zeit, sich wieder mit ihr zu verbinden.

- Wenn Sie sich wieder miteinander vertraut gemacht haben, werden Sie ihre liebevollen Worte hören, die durch Sie hindurch strömen:

»Ich habe dich aus der Ferne beobachtet und geliebt
und erfülle dir durch einen Feenstern einen Wunsch.
Ein verzaubertes Ergebnis wirst du erleben;
dein Glaube lässt deinen Wunsch wahrwerden.
Schließ die Augen und zähle bis drei.
Ich schwenke den Zauberstab – warte. Es sei.«

- Nun haben Sie die Gelegenheit, Ihre Feenpatin um ihre magische Unterstützung zu bitten.
- Sobald Sie Ihre Wünsche geäußert haben, fordert sie Sie auf, in den Zauberspiegel zu sehen. Vergessen Sie dabei nicht, dass Sie nicht immer die Antwort bekommen werden, die Sie hören wollen!
- Was immer Sie im Spiegel sehen – Ihre Feenpatin verspricht Ihnen, immer zuzuhören, wenn sie Ihnen erscheint, und mit Ihnen daran zu arbeiten, alle verdrängten Gefühle, die sich innerlich festgesetzt haben – wie beispielsweise Neid und Wut – aufzudecken. Es wird Ihnen nichts anderes übrigbleiben, als zu lernen, wie Sie

mit ihnen umgehen können. Aber keine Angst, denn ihr Geschenk an Sie ist Selbstkontrolle. Sie bietet Ihnen durch den magischen Akt der Transzendenz die Chance auf ein neues Leben, einen Neuanfang.

- Nun hebt Ihre Feenpatin den prächtigen Zauberstab hoch, der Lichtfunken versprüht, und hüllt Sie in eine Kugel aus schillerndem Feenstaub. Fühlen Sie die Magie und atmen Sie sie tief ein. Lassen Sie sie jeden Teil Ihres Wesens durchdringen. Spüren Sie, wie der Traum wahr wird – im Wissen, dass Ihre Wünsche erfüllt werden. Sie sind von Magie umgeben und erfüllt, während Sie in Ihrer eigenen hellwachen Stärke stehen.
- Nicken und lächeln Sie Ihrer Feenpatin bestätigend zu. Nehmen Sie sich vor, ihr eine kleine Aufmerksamkeit für alles, was sie für Sie getan hat, zu hinterlassen.
- Während Sie vorsichtig die Kerze ausblasen, sehen Sie, wie Ihre Feenpatin aus dem Spiegel verschwindet. Doch auch wenn Sie sie nicht mehr sehen, spüren Sie ihre Gegenwart noch, während die Magie weiterhin durch Sie hindurch pulsiert und die Wärme in Ihrem Herzen weiter glüht.
- Kehren Sie nun langsam zurück in die Gegenwart. Strecken Sie sich und öffnen Sie wieder die Augen im Wissen, dass Sie Verbindung zu Ihrer Feenpatin aufgenommen haben. Sie ist immer dann, wenn Sie ihre magische Hilfe brauchen, für Sie da, wenn Sie sie durch die Liebe in Ihrem Herzen herbeirufen.

Zusammenfassung

- Ein Feenkönig und eine Feenkönigin herrschen über einen königlichen Feenhof.
- Das Seelie-Gericht von Schottland ist gutartig, während man dem Unseelie-Gericht aus dem Weg gehen sollte.
- Früher waren Feenköniginnen und -könige, wie zum Beispiel Aine, die Mittsommerkönigin der Liebe, unsere Gottheiten.
- Feenglamour ist Feenmagie und -täuschung.
- Feen haben natürliche Schönheitstricks, wie beispielsweise Morgentau als Verjüngungskur.
- Unsere Feenpatin wacht aus dem Feenland über uns.
- Wir können sie herbeirufen, damit sie uns hilft, unsere verborgenen Gefühle zu überwinden und unser wahres Potenzial auszuschöpfen.

Kapitel 9
Die Magie des Feenmonds

Mystischer Mond der Schönheit und des Lichts,
möge deine Verzauberung mir die Augen öffnen.
Ich rufe Mondstrahlen, die mir den Weg zeigen sollen
und den magischen Weg der Feen reflektieren.

Seit jeher fasziniert der Mond die Menschen, und dennoch bleibt er bis heute ein Mysterium. Sein weiches, blasses Licht strömt einen ganz eigenen Zauber aus, obwohl wir alle daran teilhaben wollen. Der Mond hat einen Platz in unserem Herzen, so wie er schon einen Platz in den Herzen unserer Vorfahren hatte. Sein leuchtendes Licht weist auf unseren himmlischen Ursprung hin. Wie fühlen Sie sich, wenn Sie sich vorstellen, um Mitternacht, der magischen Zeit, in einem Naturteich auf einer Waldlichtung im milchigen Mondschein zu baden? Möglicherweise weckt die Vorstellung eine leise Erinnerung an ferne Zeiten.

Heutzutage ist uns die Macht des Mondes und seine tägliche Wirkung auf uns nicht mehr bewusst. Doch der Mond wirkt sich tatsächlich auf unsere Stimmung aus. Wenn er abnimmt, ziehen wir uns allmählich zurück, und wenn er zunimmt, werden wir weitaus geselliger. Geschichten von Menschen, die sich bei Vollmond in wilde Biester verwandeln und Unruhe stiften, mögen zwar extrem klingen, aber in den alten Legenden steckt viel Wahrheit. Wussten Sie, dass es laut Polizeiberichten um den Vollmond herum viel mehr Festnahmen wegen aggressiven und ungezügelten Verhaltens gibt?

Feenzauber

Wie uns das spirituelle Gesetz der Analogie lehrt, ist alles im Leben miteinander verbunden. Die Frequenzen, die der Mond ausstrahlt, wirken sich auf unsere Emotionen und Sehnsüchte aus, die verdrängt sein können. Daher spielt der Mond beim Aussprechen von Zauberformeln eine starke Rolle, denn er lenkt das Unbewusste.

Wenn wir Feenzauber aussprechen, arbeiten wir mit dem Unbewussten, den Elementen und den Elementalen. Aus diesem Grund können wir die Wirksamkeit unserer Zauberformeln noch verstärken, indem wir uns mit den Mondphasen vertraut machen und ihre Verwandlungskräfte nutzen. Der Vollmond ist beispielsweise eine wirksame Zeit – eine Zeit, in der wir Liebe, Überfluss, Kreativität und positive Energie anziehen können.

In früheren Zeiten galt der Mond als »Mutter der Hexenkunst«. Jede Phase repräsentierte eine Seite der Dreifaltigkeits-Göttin:

Neumond	Neumondjungfrau	Neue Projekte, Neuanfänge, Glaube, Hoffnung, Optimismus
Zunehmender Mond	Jungfrau/Mutter des zunehmenden Mondes	Wachstum, Fruchtbarkeit, positive Verwandlung
Vollmond	Vollmondmutter	Manifestierung von Wünschen, Erfolge, Überfluss
Abnehmender Mond	Weise Alte des abnehmenden Mondes	Loslassen, ablegen, reinigen
Neumond	Weise Alte des Neumondes	Verbannung, tiefe Weisheit, Prophezeiung, Ganzheit

Vollmond Wunscherfüllung

Feen sind gut darin, all ihre Wünsche wahrwerden zu lassen. Bei Vollmond können wir das auch, denn das ist die Zeit der Zaubereien. In dieser Phase strömt magische Energie durch alles, auf das wir uns konzentrieren, und unsere Fähigkeit, Dinge zu manifestieren, ist stärker.

Übung: Vollmond Wunscherfüllungszauber

Seien Sie sich ganz und gar im Klaren über das, was Sie sich wünschen, und vergessen Sie nicht, alle Konsequenzen abzuwägen, die diese für ein Lebewesen mit sich bringen könnte.

- Zünden Sie eine weiße Kerze an, nehmen Sie einen transparenten Quarzstein in die Hand und sehen Sie den Vollmond an. Stellen Sie sich vor, Sie würden in einem Feenstern stehen, der Sie schützt.
- Sagen Sie nun:

»Feen der Magie, Mutter des Mondes,
Ich bitte darum, dass meine Wünsche bald wahrwerden.
Meine Sehnsüchte wurden in den Kristall eingeschlossen.
Ich lasse die Angst los, meine Absichten sind gefasst.
Feen der Erde, ich bin fest entschlossen,
Feen der Luft, kehrt beiseite allen Ballast,
Feen des Feuers, leuchtet hell im Inneren,
Feen des Wassers, schenkt mir Disziplin.«

- Legen Sie nun Ihre Absichten in den Kristallstein und lassen Sie ihn sich im Licht des Vollmonds aufladen und mit den magischen Eigenschaften des Monds zusammenzuwirken, um damit Ihre Wünsche umzusetzen.

- Blasen Sie dann die Kerze aus und sagen Sie:

»Dieser Mondphasenzauber ist vollbracht
dank der Feen und ohne jemandem zu schaden.«

Mondschein

Die Sonne schenkt uns Leben – wir brauchen ihre wichtige Energie, um uns und die Erde am Leben zu erhalten. Wenn ihre Strahlen nachts vom Mond abprallen, erhalten wir die weibliche Seite ihrer Energie. Indem sich das Sonnenlicht mit den weichen, nährenden Eigenschaften des Monds vermischt, ruft es magische Kristallenergie und Lichtstrahlen hervor, die unser Herz und unser spirituelles Auge öffnen.

Im Mondschein baden

Viele Leute nehmen gern heilende Sonnenbäder, da sie die Kraft der Sonne anbeten. Aber wie viele von uns baden im Mondschein?

Mondbäder sind für unser Gleichgewicht und unsere Gesundheit lebensnotwendig. Wir bestehen aus denselben wichtigen Mineralien wie die Mondoberfläche und manchmal hat unser Körper nicht genug davon, vor allem heutzutage, wo der Massenanbau von Lebensmitteln unserer Ernährung so viele Nährstoffe entzieht. Es ist daher extrem wichtig, zusätzlich dafür zu sorgen.

Natürlich kann man im Reformhaus Nahrungsergänzungsmittel kaufen; sie liefern lebensnotwendige Vitamine und Mineralien, solange wir sie sorgfältig auswählen. Doch auf der metaphysischen Ebene gilt der Mond seit jeher als Hüter der Magie, des Mysteriums und der göttlichen weiblichen Energien. Daher ist das Mondbaden eine ungefährliche Methode, alle wichtigen

Nährstoffe, die die Sonne uns liefert, auf eine schonendere Weise zu erhalten. Dazu kommen die magischen Schätze des Monds: Intuition und Weisheit.

Sie können in einer bestimmten Mondphase baden, die Ihren Bedürfnissen entspricht. Eine Alternative bietet der Vollmond; dann ist die Magie des Monds am höchsten und ein Bad bei Vollmond lädt Sie mit seinen natürlichen Kräften auf. Das tut es übrigens auch für Ihre Kristalle – warum legen Sie sie nicht bei Vollmond auf ein Fenstersims, um ihr volles Potenzial zu erhalten?

Übung: Mond-Badezeremonie

- Treten Sie zu Ehren der Göttin der Dreifaltigkeit, die über Sie wacht, nackt ins Freie oder tragen Sie Unterwäsche oder einen Badeanzug, falls Sie dies vorziehen. Stellen Sie sich hin, strecken Sie die Arme dem Mond entgegen und sagen Sie:

»Ich rufe dich heute Nacht an diesen Ort,
um in deinem göttlichen Licht zu baden.
Erfrische mich, reinige mich tief im Inneren,
denn die Magie wohnt dort.«

- Nehmen Sie tiefe Atemzüge und baden Sie in der Magie des Monds.
- Baden Sie so lange, wie es Ihnen nötig erscheint und angenehm ist.
- Sagen Sie dann, bevor Sie wieder ins Haus gehen:

»Diese Heilung wird bewirkt, ohne dass jemand Schaden nimmt.
So soll es sein – es ist vollbracht.«

***

Vergessen Sie niemals, dass die Energie des Monds auch in Ihnen steckt, während Sie in Zusammenwirkung mit seinen Phasen operieren und die neuen, vollen und dunklen Seiten der Jungfrau, Mutter und weisen Alten in Ehre halten.

Landwirtschaft im Feenmond

Uralte Zivilisationen nutzten den Mond, um Wettermuster vorherzusagen. Sie beachteten auch, inwiefern die Natur von den Mondzyklen beeinflusst wird – von Ebbe und Flut bis hin zu den Gefühlen und Verhaltensweisen von Mensch und Tier.

Bauern bauen seit jeher unter Beachtung der Mondzyklen und der Bewegung der Planeten Obst und Gemüse an. Sie haben begriffen, dass jede Mondphase aufgrund der zunehmenden und abnehmenden Feuchtigkeit in der Erde und den Pflanzen Einfluss auf den Pflanzenwuchs hat. Der Neumond ist beispielsweise ein ausgezeichneter Zeitpunkt, um Blattgemüse wie Kohl, Blumenkohl und Brokkoli zu säen.

Gewisse Pflanzensorten gedeihen auch besser, wenn sie während einer bestimmten Mondkonstellation gepflanzt werden. Da der Mond in nur zwei bis drei Tagen durch eine Konstellation wandert, mussten sie sich an den Mondkalender halten.

Nicht nur der richtige Zeitpunkt für das Pflanzen ist für Bauern wichtig, sondern auch die Erntezeit muss genau bedacht werden. Wenn man zum richtigen Zeitpunkt erntet, hält die Ernte deutlich länger. Es geht darum, wie die Pflanze zu unterschiedlichen Zeiten des Mondzyklus das Wasser in der Frucht lagert.

Die meisten Bauern arbeiten noch heute nach dem »Bauernkalender«. Aber wissen sie auch warum? Ist den Bauern von heute eigentlich klar, dass sie in der alten Tradition der Feenmondmagie arbeiten?

Feen Mondpflanzen

Pflanzen sind Lehrmeister. Jede Pflanze bietet allen Lebewesen auf unserem Planeten ihre eigene Medizin oder Eigenschaften. Viele Schamanen nutzen halluzinogene Pflanzen, um »innerlich« in die geistige Welt zu »reisen« und dort Verbindung zu Geistern aufzunehmen. Sie beten zuerst mit der »Medizin« und begeben sich dann auf die geistige Reise, um herauszufinden, was sie für Heilungen und andere magische Zwecke wissen müssen. Doch tatsächlich sind es die Feen, die uns lehren, dass wir von jeder einzelnen Pflanze – nicht nur den Halluzinogenen (solange die Pflanze nicht giftig ist) etwas lernen können. Und wir können uns durch bestimmte Blumen und Kräuter auch mit den Mondenergien verbinden.

- *Belladonna* Diese Pflanze wurde früher von den Priestern der Göttin Bellona eingenommen, bevor sie zu ihr beteten. Das ist nicht empfehlenswert, da Belladonna nicht nur eine Droge, sondern auch giftig ist! Wenn Sie das richtige Maß verwenden, bringt Belladonna Sie für eine gewisse Zeit in die geistige Welt, aber nehmen Sie sie bitte nicht ein! Eine sichere Anwendung ist, eine Räuchermischung zu verwenden und unter dem Neumond zu verbrennen, um Ihre Wünsche zu manifestieren.
- *Gänseblümchen* Diese Blume enthält in ihrer gelben Mitte die Sonnenenergie und in den weißen Blütenblättern die Energie des Monds. Sie folgt tagsüber dem Sonnenzyklus, faltet bei Sonnenuntergang und Mondaufgang ihre Blüten zusammen. Ein Gänseblümchen zu verzehren ist völlig ungefährlich und verbindet Sie mit der Frequenz der Sonne und der des Monds. Auf diese Weise stellt es das innere Gleichgewicht zwischen den männlichen und den weiblichen Energien her.

- *Beifuß* Diese Pflanze schwingt auf derselben Frequenz wie der Mond; daher kann man sie verwenden, um sich mit den Mondenergien zu verbinden, auch wenn er nicht am Himmel zu sehen ist. Beifuß ins Teewasser zu mischen ist ungefährlich und gibt Ihrem Körper eine Infusion Mondmagie!
- *Rose* Die Blume der Aphrodite, der Liebesgöttin. Haben Sie als Kind schon mal Rosenblätter gesammelt und Rosenwasser zubereitet? Wie der Mond enthalten auch Rosen die Liebesschwingung des göttlichen Weiblichen. Ihr betörender Duft wurde schon oft angewandt, um Liebende zu berauschen.

Feen und der Mond

Feen agieren als Vermittler der Mondenergien. Sie arbeiten auf der Basis ihrer eigenen Funktion als Grundelemente mit den Energien zusammen.

Erde

Ohne zu wissenschaftlich zu werden: Die Mondoberfläche ist eine Masse aus Mineralien, darunter auch Kristallen. Ihre Energie schwingt im Einklang mit der Erdenergie, und indem die kristallene Erdenergie des Monds von den Sonnenstrahlen reflektiert wird, scheint der Mond auf uns herab. So entstehen nährende Frequenzen, welche die Elementale der Erde für das Wachstum und die Entwicklung aller Pflanzen nutzen.

Luft

Je nach Mondphase beeinflusst der Mond den Sog der Winde. Wenn er abnimmt, wird es beispielsweise auf der Erde windiger. Wenn er anfängt zuzunehmen, legen sich die Winde.

Feuer

Das Feuer der Sonne wird vom Mond reflektiert. So erhält die Erde durch das Element Feuer ihre Eigenschaften der Stärke, Leidenschaft und Verlangen, wenn auch in sanfterer Form.

Wasser

Die Anziehungskraft des Mondes wirkt sich auf Ebbe und Flut der Meere aus, und auch wir spüren seine Wirkung, da wir aus mindestens 78 Prozent Wasser bestehen. Der Fruchtbarkeitszyklus der Frau wird beispielsweise davon beeinflusst.

Wie man die Magie des Feenmonds nutzt

Indem wir uns mit den Feen und den Elementen verbinden, mit denen sie arbeiten, können wir die Frequenzen nutzen, die vom Mond ausgehen, um Feenmondmagie anzuwenden – natürlich im Zusammenwirken mit der richtigen Mondphase:

- Neumond: Eine fruchtbare Zeit für Neuanfänge, die sich umsetzen, wenn der Mond zunimmt
- Vollmond: Eine hervorragende Zeit, um das zu erreichen, was wir uns wünschen
- Sichelmond: Diese Phase eignet sich, um Dinge, die nicht dienlich sind, zu verbannen und abzuwerfen.

Wenn Sie gerne tatsächlich den Weg der Erleuchtung gehen möchten, wird der Mond Sie führen. Lassen Sie sich von den Feen mit Magie besprenkeln, während Sie und die Feen in dieser tollen Nacht mit dem Mond zusammenwirken…

Übung: Meditation Feenmondmagie

Begeben Sie sich, wenn die Sonne allmählich hinter den Horizont wandert, zu einer Baumgruppe, deren Silhouette sich auf einem Hügel abzeichnet. Das ist die magische Zeit der Abenddämmerung, und wenn Sie den uralten Hain betreten, werden Sie dort die Feenenergie spüren.

Setzen Sie sich mit dem Rücken an einen Baumstamm und stellen Sie sich vor, dass dicke Wurzeln aus Ihren Fußsohlen in die Erde wachsen. Sie reichen ganz tief hinunter in den Erdboden und wickeln sich in der Mitte der Erdkugel um einen riesengroßen Kristall. Dort erden, schützen und verbinden sie Sie mit Mutter Erde.

Atmen Sie die Energie des Kristalls ein, die Magie der Erde. Fühlen Sie, wie sie jede Körperzelle, jedes Gefäß ausfüllt, bis Sie glühen. Werden Sie ein Teil der Magie des Abends. Atmen Sie sie ein.

Als Sie sich umsehen, bemerken Sie einen Kreis aus Pilzen und Fliegenpilzen, der mitten im alten Hain wächst. Riechen Sie den erdigen Geruch der Pilze, der sich mit dem süßlichen Aroma des weichen Grases und Mooses vermischt, das sich wie ein saftig grüner heilender Teppich vor Ihnen ausbreitet.

Mit der Absicht, dass es für das höchste Wohl ist und dass niemand durch Ihren Besuch zu Schaden kommt, wünschen Sie sich, diesen magischen Kreis zu betreten. Fragen Sie, wo Sie sich in den Kreis hinstellen sollen, und lauschen Sie mit Ihrer Intuition der Antwort. Betreten Sie dann vorsichtig den Kreis und sagen Sie:

»An diesem Abend, an dem sich Mystik und Mysterie verweben,
rufe ich die Magie des Mondes.
Möge Macht gewährt werden in dieser Nacht,

während ich meine neuen Gaben weitergebe,
denn es ist richtig so.
Mit Armen, die sich nach den Magischen ausstrecken,
ehre und danke ich euch. Nun ist es vollbracht.«

Während Sie mit ausgestreckten Armen in der Mitte des Feenrings stehen, wird Ihr Gesicht vom sanften Mondschein überflutet. Baden Sie in seiner weichen, sanften Energie und tauchen Sie in die göttliche Weiblichkeit ein. Fühlen Sie, wie Ihr Herzchakra sich wie eine wunderschöne Rose öffnet und sich alle alten Gewohnheiten, Ängste, Denkmuster und Verhaltensweisen, die Sie von der Weiterentwicklung abgehalten haben, sanft auflösen. Sie erhalten das Geschenk der Empfänglichkeit. Damit geben die Feen Ihnen die Gelegenheit, Ihre Träume wahrwerden zu lassen, und Sie hören lieblichen Gesang um sich herum:

»Trinke den Mond in dieser herrlichen Nacht
Mit liebendem Herzen und mit Bedacht.
Zeig uns im Geiste deine Vision,
dann erfüllen wir dir deine Wünsche schon.«

Verdeutlichen Sie sich alles, was sich für Sie umsetzen soll, während das heilige Licht des Mondes durch Ihr drittes Auge in der Stirnmitte strömt.

Sie spüren, wie sich Energie um den Rand des Kreises aufbaut, und nehmen ein Kraftfeld aus Silberfäden um den Kreis herum wahr. Stehen Sie mit festen Beinen in diesem Feen-und-Mond-Zauber und lassen Sie die Magie sich entfalten.

Hören Sie, was die Feen Ihnen sagen, da sie Ihnen möglicherweise Ratschläge geben oder Anweisungen erteilen. Lassen Sie zu, dass sie Ihre Wünsche auf ihre eigene Weise erfüllen.

Jetzt kommen Feen auf Sie zu. Sie tragen einen prächtigen Trinkkelch, auf dem der Mond abgebildet ist, und teilen Ihnen mit, dass dies zu Ehren der Mondgöttin ist. Sie reichen Ihnen den Kelch. Er ist mit flüssigem Mondschein gefüllt. Sie können ihn annehmen, und als Sie seine Eigenschaften der Intuition und Integrität, der Liebe, Weiblichkeit und Empfänglichkeit, des Friedens und Mitgefühls und der höheren Fähigkeiten trinken, fließen sie in Ihr Inneres hinein.

Geben Sie nun den Kelch zurück und warten Sie einen Augenblick, während die gerade konsumierten Energien von Ihrer Essenz aufgenommen werden. Hören Sie die Feen singen:

»Geh und sei wirklich du selbst.
Mögen Träume im Morgengrauen wahr werden.«

Sie fühlen sich so voller Energie und so verbunden wie nie zuvor und greifen in Ihre Tasche. Sie holen ein Geschenk heraus als Dank an alle, die Sie liebevoll empfangen und Ihnen heute im Feenkreis geholfen haben.

Ihnen wird ein Gänseblümchen angeboten, das Sie essen. Dabei fühlen Sie, wie die goldene männliche Energie der Sonne und die reine weiße weibliche Energie des Mondes miteinander verschmelzen und von Ihrem Körper aufgesaugt werden. Sie spüren, wie jede Zelle erwacht und die starke Medizin der Feen und der Planeten aufnimmt und wie Sie eins mit ihnen werden.

Voller Energie verabschieden Sie sich von den Feen. Vorsichtig verlassen Sie den Feenkreis wieder und kehren in Ihre eigene

Welt zurück, in die Sie ein neues Gefühl der Verzauberung und des Staunens mitbringen.

Zusammenfassung

- Der Mond lenkt das Unbewusste und seine Phasen helfen bei Zauberformeln.
- In bestimmten Mondphasen können seine umwandelnden Kräfte für die Magie genutzt werden.
- Jede Mondphase hat eine bestimmte magische Bedeutung und die Energie der Göttin.
- Der Mondschein ist das reflektierte Sonnenlicht in Verbindung mit kristalliner Mondenergie.
- Mondbäder sind lebensnotwendig zur Ergänzung der Nährstoffe und Magie.
- Bauern halten sich an einen uralten Mondkalender für die Landwirtschaft.
- Erdfeen helfen bei der Aufzucht der Pflanzen in der Mondenergie.
- Die Mondphasen wirken sich auf den Sog der Winde aus.
- Ebbe und Flut auf unserem Planeten werden vom Mond gelenkt.
- Der Neumond wird mit Neuanfängen in Verbindung gebracht.
- Der Vollmond hilft bei der Umsetzung von Zielen.
- Die Phase der Mondsichel lässt sich für Verbannung nutzen.

Kapitel 10
Heilung durch Feen

Ein gebrochenes Herz, die Grippe oder ein kaputtes Knie
erfordern starke Empathie.
Die Feen bitten dich, nicht zu heulen,
denn ihre Aufgabe ist das Heilen.

In früheren Zeiten war den Menschen klar, dass jeder Raubbau an der Natur einen Einfluss auf die Feen hat. Das führte zur Angst, dass sie von den Menschen Energie »borgen« würden, um ihre Aufgaben zu erledigen, oder sie sogar mit der »Feenkrankheit« bestrafen würden. Die Angelsachsen glaubten beispielsweise, manche Krankheiten würden von Elfen verbreitet. Daher lautete die Diagnose bei Patienten häufig »Elfenschuss«. In diesen abergläubischen Zeiten ging man davon aus, Feen könnten alle möglichen Krankheiten verursachen, und daher bemühten sich die Leute, sie friedlich zu stimmen.

Auch heute arbeiten die Feen unermüdlich daran, das Gleichgewicht der Natur zu bewahren, und wenn Umweltverschmutzungen ihr zerbrechliches Equilibrium stören, arbeiten sie doppelt so hart daran, es wiederherzustellen. Der heutige weitverbreitete Mangel an Glauben erschwert ihre Bemühungen. Würden alle Menschen auf der Welt an Feen glauben, dann gäbe es einen Überfluss an der lebensnotwendigen Energie, die sie für die Unterstützung der Natur brauchen.

Feenheiler

Über die Jahrhunderte haben Feen ihr Wissen über Heilkräuter, Kuren und Salben mit Menschen geteilt, die ihre Welt aufgesucht haben. Häufig geschieht dies während eines hohen Fiebers oder einer Nahtoderfahrung. Nach der Rückkehr in unsere Welt oder der Genesung stellt die Person dann fest, dass sie übernatürliche Fähigkeiten und Heilkräfte erworben hat. Sie wird zu einem Feendoktor.

Feenmedizin ist ein ganz altes Heilsystem, bei dem der Heilpraktiker mit den Feen zusammenarbeitet, um Krankheiten zu heilen. Er begibt sich – gewöhnlich beim Meditieren – auf eine Reise ins Feenreich, um eine Krankheit zu diagnostizieren und eine wirksame Behandlungsmethode zu finden. Glücksbringer, Kräuter, Gesang, Heilsteine und Kristalle sind die medizinischen Hilfsmittel. Die Feen teilen ihr Wissen bereitwillig mit Feendoktoren. Ihre einzige Bedingung ist, dass der Feendoktor die Geheimnisse ihres Könnens erst auf seinem Totenbett weitergeben darf. Nur dann darf er das Wissen an seinen Erstgeborenen weiterreichen.

Für die Dienste eines Feenheilers darf kein Geld fließen. Stattdessen nimmt der Doktor sein Honorar in Form von anderen heilmedizinischen Diensten und Nahrungsmitteln, Getränken oder einem kleinen, glänzenden Geschenk an.

Heilung durch Feen

Zum Glück brauchen wir nichts Dramatisches zu erleiden, um selbst Feenheilung auszuüben. Wir können Verbindung zur natürlichen Heilenergie der Feen aufnehmen, indem wir uns mit der Feenwelt selbst verbinden.

Auch wenn die Feenheilung Teil uralter Traditionen und Rituale war, wirken ihre Methoden auch heute noch. Sie ist in den Wirkungsweisen unserer Mutter Erde und unserem natürlichen Zustand der Ganzheit verwurzelt.

Als mir eine Meerjungfrau während einer Heilsession zeigte, dass sie alles als geheilt und ganz ansehen, übernahm ich diese

Methode auf der Stelle. Wenn man einen Patienten als schon geheilt sieht, so ermöglicht man damit der Magie des Universums, dieses Resultat auch zu liefern. Natürlich braucht man dafür eine große Dosis Feenglauben, doch wenn Sie Feenmagie in Ihrem Herzen tragen, kommt das Vertrauen ganz von allein.

Feenheilung ist eine einzigartige Methode, die es dem Heilpraktiker ermöglicht, Wege zu finden, wie er Körper und Verstand mit der Seele verbinden kann, um diesen vereinten Geist dann mit der Natur zu verbinden. Wie wir alle wissen, ist die Natur an sich heilend. Immer wenn wir nach draußen gehen und die frische Luft einatmen, einen Baum umarmen oder an einer Blume riechen, nutzen wir die heilenden Eigenschaften der natürlichen Welt. Wenn wir eine Feenheilung durchführen, integrieren wir die Energie der vier Grundelemente sowie die liebevollen Lehren und Leitung der elementalen Geister der Natur. Es ist wichtig, den Elementen, die gerufen werden wollen, zuzuhören, sie zu »erfühlen« und dann ihren Rat zu befolgen.

Die Farbe Grün wird mit Heilung in Verbindung gebracht – schließlich ist es die Farbe der Natur und die Aurafarbe des Erzengels Raphael, des Heilengels aller Engel! Sicher können Sie sich vorstellen, wie überrascht ich war, als ich eines Nachts um Unterstützung bei der Heilung bat und plötzlich in eine schillernde Decke aus *leuchtendem elektrischem Blau* eingewickelt war. Das war meine erste Begegnung mit Heilfeen. Damals wurde mir klar, dass ihre Farbe satt und intensiv ist und ihre wiederherstellenden Kräfte widerspiegelt.

Übung: Meditation der Feenheilung

Feen sind von Natur aus Heiler. Sie wissen, wie man sofort Schmerzen lindert und Krankheiten heilt. Immer wenn Sie unter dem Wetter oder Schmerzen leiden, können Sie sie rufen, um bei

Ihrer Heilung mitzuwirken. Dafür brauchen Sie sich nur in eine bequeme Liegeposition zu bringen, vorzugsweise nachts, damit die Heilerfeen im Schlaf mit Ihnen weiter zusammenarbeiten können.

Atmcn Sic, wenn Sie sich entspannt haben, tief ein und langsam wieder aus. Atmen Sie ein und aus... und noch mal ein und aus.

Stellen Sie sich vor, wie Sie im Inneren eines Feensterns mit sieben Zacken völlig geschützt sind und sagen Sie:
»Feen, ich rufe euch, kommt, um meine Schmerzen
mit eurer starken Magie zu heilen.
Umsonst bitte ich nicht.
Bringt mir Heilmittel aus satter Farbe und hellem Sternenlicht
und lasst die Beschwerden und Krankheit völlig verschwinden.«

Lassen Sie die Augen weiterhin geschlossen und stellen Sie sich Hunderte von Feen vor, die alle in hellem elektrischem Blau leuchten. Während Sie tief einatmen, kommen die Heilkräfte zusammen und bilden eine schillernde Decke aus Saphiren.

Dieser magische, juwelenbestückte Umhang hüllt Ihren Körper ein. Eine Flut aus warmer Heilenergie pulsiert durch den Körper und füllt jedes Gefäß, jede Arterie, jeden Teil Ihres Wesens. Sie werden mit vollkommener Liebe, Heilung und Kraft erfüllt, während die Feen mit ihrer Magie Ihr Herz berühren. Atmen Sie die Heilenergie ein. Spüren Sie sie ganz bewusst. Atmen Sie das heilende Licht ein. Verharren Sie im Augenblick – ruhen Sie sich aus und lassen Sie es zu, während Vitalität und Ganzheit wiederhergestellt werden.

Vergessen Sie nicht, den Heilerfeen beim Aufwachen von ganzem Herzen zu danken, und hinterlassen Sie ihnen ein Tellerchen mit Honigbrot als dankbare Bezahlung für ihre Dienste.

***

Kristallheilung

Feen werden von Natur aus von der Glitzerwelt der Kristalle angezogen – warum auch nicht? Steine und Kristalle gehören schließlich auch zum Feenreich! Der Kundschafter der Feen hat verstanden, dass jeder Teil der Natur lebt, dass alle Wesen eine Seele haben und dass diese bewussten Halbedelsteine uns nur zu gern bei der Heilarbeit, Verbindungen und jeder Form von Schutz unterstützen.

Kristalle möchten wahrhaftig unsere Partner sein. Sie wählen uns sogar aus. Egal ob Sie bei der professionellen Heilarbeit mit Klienten oder nur zum eigenen Nutzen mit ihnen zusammenarbeiten möchten – sie können verzaubern, fördern, stärken und Energie spenden, und sie werden Sie regelmäßig daran erinnern, Verbindung zu ihnen aufzunehmen.

Jeder Halbedelstein ist mit einer bestimmten Heilenergie ausgestattet, und Kristalle lassen sich leicht durch Intentionen programmieren, da sie sehr gut Erinnerungen festhalten können – vor allem die Familie der Quarze.

Kristallenergie verstärkt unsere Heilfähigkeiten und fördert eine stärkere Verbindung zum Feenreich. Wenn Sie mit Halbedelsteinen arbeiten, werden Sie feststellen, dass Sie stärker werden und Ihre Fähigkeiten zunehmen. Lassen Sie sie in Ihr Alltagsleben, indem Sie sie tragen, in Ihrem Zuhause verteilen oder bei der Tiefenmeditation verwenden.

Kristallzauber

Um stärker zu werden, sollten wir uns vereinen.
Kristalle helfen uns zu leuchten.
Nimm uns zum Heilen oder zaubern,
dann werden wir dich unterstützen.
Trag Rosenquarz für die Liebe auf dem Herzen.
Feengeschenke der Erde und der Sterne.

Kristallformen

Viele verschiedene Formen der Kristalle können dem Feenheiler bei der Arbeit behilflich sein.

- *Bündel:* Wandeln negative Energie in positive Energie um.
- *Spitzen* (natürlich oder geschliffen): Wenn sie auf den Körper gerichtet sind, wird Energie hineinfließen. Wenn sie weg vom Körper zeigen, wird Energie herausgezogen. Sie sind hervorragend geeignet, Kristallnetze für Heilung, Klärung und Schutz herzustellen.
- *Pyramiden:* Sie sind künstlich geformt und werden angewandt, um Energie nach oben zu ziehen.
- *Scheiben:* Sie offenbaren die Schönheit des Steins. Ideale Hilfsmittel für Meditation, für die Anhebung der Energie in einem Raum oder für körperliche Heilung.
- *Kugeln:* Sie strömen einen konstanten Energiekreislauf aus. Lassen sich verwenden, um die Energie im Raum aufzuladen.
- *Unbehandelt:* Rohe oder polierte Steine in unbehandeltem Zustand. Perfekt für Heilung und zum Tragen am Körper geeignet, um je nach der energetischen

Eigenschaft des Halbedelsteins Heilung, Verbundenheit und Schutz zu bewirken.

- *Zauberstäbe* (natürlich oder geschliffen): Ausgezeichnete Heilmittel. Die Energie konzentriert sich an der Spitze.

Halbedelsteinarten

Jede Art von Kristall hat ihre eigenen Heileigenschaften. Schwarzer Obsidian, schwarzer Turmalin, Hämatit und Rauchquarz sind gute Schutzsteine, beispielsweise für Räume, für Heilarbeit an anderen Menschen oder für den Eigengebrauch. Sie besitzen die Fähigkeit, Negativität zu absorbieren und reine, saubere Energie auszuströmen.

Ein paar weitere Beispiele sind:

- *Amethyst* Unterstützt die Entwicklung der Spiritualität und die Überwindung einer Sucht
- *Citrin* Als »Händlerstein« bekannt; tragen Sie ihn in Ihrer Handtasche/im Geldbeutel mit sich, um Wohlstand anzuziehen
- *Fluorit* Bietet ein Schutzschild gegen schädliche elektromagnetische Strahlen
- *Malachit* Fördert die Stärkung und Heilung des Herzens
- *Rosenquarz:* Der Liebesstein, der Romantik bringt

Reinigung von Kristallen

Bevor wir Kristallsteine verwenden, müssen wir unbedingt dafür sorgen, dass sie sauber sind, damit wir keine Energien aufnehmen, die sie womöglich von einem anderen Menschen oder Ort absorbiert haben.

Da Kristalle Mitglieder des Feenreichs sind, sollte man es ehren, indem man eines der vier Grundelemente bei der Reinigung des Steins verwendet. Suchen Sie sich aus, welchem Element Sie sich am meisten verbunden fühlen oder welches am besten zu der bestimmten Heilung passt, die Sie planen.

- Element Erde: Vergraben Sie den Kristall in der Erde Ihres Gartens oder eines Pflanzentopfs.
- Element Luft: Schwenken Sie ein brennendes Räucherstäbchen über dem Stein. Lassen Sie eine Glocke oder tibetanische Glockenspielglöckchen erklingen.
- Element Feuer: Ziehen Sie die Steine rasch und sicher durch eine Kerzenflamme.
- Element Wasser: Reinigen Sie Ihre Kristalle in einer Schüssel voller Wasser (außer Seleniden, die sich in Wasser auflösen!)
- Vollmond: Laden Sie die Steine in der Energie des Vollmonds auf.
- Klang: Singen Sie „Feen“ in der Tonlage von „A“.

Jede dieser Methoden reinigt Ihre Kristalle und hebt sie auf ihre höchste Schwingungsebene für optimale Heileffekte.

Kristallheilmethoden

Es gibt eine ganze Reihe von Nutzen, die Sie aus den Heilenergien von Kristallen ziehen können:

- *Kristalle als Werkzeug:* Feenheiler arbeiten häufig mit Kristallen, wenn sie ungewollte Energie aus dem Patienten herausholen (eine uralte Heilmethode, bei der sie ihn in der Traumzeit aufsuchen und in diesem Zustand mit ihm arbeiten). Kristalle wirken auch als Brücke zwischen den Welten, wenn man in der Traumzeit hin und her reist.

- *Kristalle auf den Körper legen:* Für Feenheiler ist es eine alte Tradition, Halbedelsteine am Körper zu tragen. Kristalle können auch direkt auf eine schmerzende oder kranke Körperstelle gelegt werden. Sie lassen sich auf den Chakren platzieren; dies kurbelt den natürlichen Energiefluss in und um uns herum an und bringt ihn ins Gleichgewicht.
- *Kristalle unter das Kopfkissen legen:* Wenn Sie einen Halbedelstein unter Ihr Kopfkissen legen, werden Sie im Schlaf von Heileffekten profitieren. Bestimmte Kristalle helfen bei Schlaflosigkeit, Albträumen und übersinnlichen Angriffen sowie bei Traumerinnerungen und Astralreisen. Sie können einen Kristall programmieren, um diese Wirkungen zu fördern.

Übung: Mit Kristallen reisen

Reinigen Sie Ihren Körper bewusst unter der Dusche oder in der Badewanne, bevor Sie ins Bett gehen. Zünden Sie Kerzen an und machen Sie die heilige Zeremonie daraus, die es ist, denn Sie bereiten sich so auf die Traumzeit vor – die Zeit, in der die meisten Leute in einen unbewussten Schlaf fallen, ohne Kontrolle über die Ereignisse zu haben. Doch im Schlaf müssen Sie nicht unbewusst sein. In der Traumzeit werden Sie zur Essenz Ihrer Seele und reisen durch Raum und Zeit. Es gibt keine Grenzen der Welten, die Sie bereisen können. Zeit existiert nicht, und Sie können in der Traumzeit Ihren Vorfahren und zukünftigen Selbst begegnen – und sich hinterher an alles erinnern.

- Umgeben Sie sich vor dem Einschlafen im Geiste mit einem Kreis aus hellem Licht als Schutz und bitten Sie darum, dahin geführt zu werden, wo Sie hinreisen möchten, oder das herauszufinden, was Sie wissen wollen.

- Für zusätzlichen Schutz sollten Sie beim Einschlafen einen Halbedelstein für die Reise, wie beispielsweise einen schwarzen Turmalin, in der Hand halten.
- Halten Sie einen Heilstein, wie zum Beispiel einen grünen Malachiten, in der Hand, wenn Sie einen anderen Menschen in der Traumzeit heilen wollen.
- Bewahren Sie ein Tagebuch neben dem Bett auf, damit Sie Ihre Träume aufschreiben können. Deuten Sie sie nach dem Aufwachen auf der Grundlage Ihrer jetzigen Lebenssituation.

***

Kristallnetze

Sie können auch Kristalle in Form eines Netzes verwenden. Dies tat ich, als ich eine wunderschöne Gegend an einem See vor einer schädlichen Mülldeponie schützen wollte, die nur wenige Meter weiter weg errichtet worden war. Dafür stimmte ich mich auf die Naturgeister ein, die an der Stelle lebten, und merkte, dass sie mit Gnomen und Zwergen zusammenarbeitete. Ich beschloss, ein Kristallnetz um den Platz herum zu errichten und ging nach Hause, um nachzusehen, welche Kristalle mitwirken wollten. Diese Steine glänzten und glitzerten auffällig, so dass sie mir ins Auge fielen und ich mit ihnen zurück an den See ging.

Die Halbedelsteine wussten genau, warum ich sie dorthin gebracht hatte, und daher legte ich sie nach dem Plan, den die Zwerge in mein geistiges Auge projiziert hatten, aus. Als das Kristallnetz fertig war, wurde die Energie von einem Kristall zum nächsten übertragen. So entstand ein »Kraftschild« um die Stelle herum, das die schädlichen Energien der neuen Mülldeponie nicht eindringen ließ.

Meditation mit Kristallen

Kristalle eignen sich auch wunderbar dazu, einen meditativen Zustand zu erreichen und zu verstärken. Die Familie der Quarze vor allem Amethysten und klare Bergkristalle, Rosenquarze und Rauchquarze – wird dafür am häufigsten verwendet, doch auch jeder andere Kristallstein kann je nach seinen spezifischen Eigenschaften zum Meditieren benutzt werden.

Übung: Meditation mit Kristallen

- Nehmen Sie einen Halbedelstein und halten Sie ihn sanft in den Händen auf dem Schoß.
- Konzentrieren Sie sich auf den Stein.
- Beachten Sie seine Form, Farbe und Schönheit.
- Schließen Sie die Augen und atmen Sie bewusst.
- Atmen Sie tief vom Unterkörper aus ein. Atmen Sie dann langsam aus und blasen Sie die Luft bewusst mit dem Mund aus.
- Atmen Sie so lange auf diese Weise weiter, bis Ihr Kopf frei von allen Gedanken ist.
- Spüren Sie beim Einatmen, wie Ihr Körper von den wohltuenden Heilenergien des Kristalls überflutet wird.
- Fühlen Sie beim Ausatmen, wie sich alle Anspannungen in Ihrem Körper auflösen.
- Lassen Sie sich immer tiefer und tiefer in den meditativen Zustand fallen.
- Fühlen Sie, wie Ihr Energiefeld sich ausdehnt und mit prächtigen Kristallenergien anfüllt.

- Stellen Sie sich nun vor, Sie würden ein Teil des Kristalls werden. Lassen Sie Ihre Energie mit der des Kristalls verschmelzen. Machen Sie sich bewusst, dass dieselbe Lebenskraft durch Sie beide fließt.
- Erlauben Sie sich, in den Kristallstein hineinzugehen, und erforschen Sie sein magisches Reich.
- Fühlen Sie seine Kristallenergie und lassen Sie Heilung zu.
- Bleiben Sie, solange Sie wollen, in diesem angenehmen meditativen Zustand.
- Nehmen Sie Ihren Körper und den Kontakt zur Erde bewusst wahr, wenn Sie zur Rückkehr bereit sind. Bewegen Sie leicht Ihre Finger und Zehen und nehmen Sie Ihre Umgebung wahr.
- Atmen Sie einmal tief ein und öffnen Sie langsam die Augen.
- Danken Sie dem Geist des Kristalls und bedanken Sie sich bei den Zwergen dafür, dass sie die Wächter der Kristalle und Steine sind.

***

Muscheln

Viele Heiler haben den Nutzen der Arbeit mit Kristallen zwar erkannt, doch unterschätzen Sie bitte nicht die Heileigenschaften von Muscheln! Schließlich haben Muscheln eine unmittelbare Verbundenheit zu den Kreaturen der Meere. Sie wurden von wiederbelebendem Meeressalz gereinigt und mit der Kraft der Sonne und der Magie des Mondes und der Sterne getränkt.

Übung: Heilung mit Muscheln

Sie können Meeresrauschen auf einer CD abspielen, um die richtige Atmosphäre für die Heilung mit Muscheln zu schaffen.

- Zünden Sie ein Räucherstäbchen, das mit Meersalz angereichert ist, und ein paar blaue Kerzen an.
- Legen Sie sorgfältig ausgesuchte Muscheln auf die Chakras Ihres Patienten und rufen Sie wirksame Meerjungfrauenenergie herbei, indem Sie sprechen:

»Magische Meereswesen,
verleiht mir eure Kräfte
und helft mir beim Genesen.
Zeigt mir durch Einsichten des Brunnenwassers
die Krankheiten und wo ich die Muscheln auflegen soll.
Die Heilung beginnt mit dem Geist hin zur Seele,
die Gesundheit ist wiederhergestellt – rundum ganz!«

- Stellen Sie sich ein helles goldenes Licht vor, das aus Ihren Händen strömt. Es ist das heilende Licht der Meerjungfrauen.
- Legen Sie die Hände hintereinander auf jede Muschel und stellen Sie sich vor, dass Ihr Patient sich bester Gesundheit erfreut.
- Bieten Sie dem Patienten ein Glas Wasser an, wenn Sie fertig sind. Bedanken Sie sich für die Heilung, die durch Sie erfolgt ist, indem Sie ihm sagen oder ihn bitten, mit Ihnen zusammen zu sagen:

»Ich danke den Wassern der Meere
und nehme diese Heilung demütig an.«

Feenessenzen

Manchmal ist unsere Energie nicht so stark, wie wir es uns wünschen würden. Es gibt auch Zeiten, in denen die natürliche Fee in uns es nicht ertragen kann, von den niederen, oft elenden Energien der Menschen heruntergezogen zu werden, die sich weigern, ihr Herz für das Feenreich zu öffnen. Dann brauchen wir ein schnelles Mittel, mit dem wir spüren können, dass Feen am Werk sind. Für solche Gelegenheiten eignen sich Feenessenzen hervorragend, und sie sind leicht herzustellen.

Übung: Wie man eine Feenessenz herstellt

Dazu benötigen Sie:

- Winzige Kristalle, wie beispielsweise Bergkristalle oder Rosenquarz
- Ionisiertes Wasser (das bekommen Sie in der Apotheke oder kochen Sie einfach Wasser ab und lassen es abkühlen)
- Ein milchiges 30-ml Fläschchen mit Sprühverschluss
- Aromaöle, wie beispielsweise Geranie, Zitronengras und Rose (das ist meine Lieblingsmischung für die Verbindung zu den Feen, aber Sie können auch experimentieren und Ihre eigene Duftmischung kreieren).
    - Füllen Sie das Fläschchen zu drei Vierteln mit ionisiertem Wasser. Fügen Sie ein paar Tropfen reinen Alkohol hinzu (billiger Wodka eignet sich auch!)
    - Fügen Sie nun 20 Tropfen Geranienöl hinzu.
    - Dann 15 Tropfen Zitronengrasöl.
    - Und schließlich 12 Tropfen Rosenöl.
    - Schütten Sie nun die winzigen Kristalle ins Wasser.
    - Drehen Sie den Verschluss fest zu und schütteln Sie das Fläschchen.

Ihre Feenessenz ist nun fertig. Sie können damit Ihre Aura besprühen und einen Raum klären, einen Heilraum vorbereiten und eine Schwingung aus reiner Feenfreude erzeugen!

Zusammenfassung

- Feen teilen seit Jahrhunderten ihr Wissen über Heilmethoden mit Feendoktoren.
- Heilfeen schwingen auf einer elektrischen blauen Frequenz.
- Kristalle sind Mitglieder des Feenreichs und die Wächter der Zwerge.
- Jeder Halbedelstein hat seine eigenen heilenden und wiederherstellenden Eigenschaften.
- Muscheln sind wunderbare Heilmittel, da sie mit den magischen Eigenschaften des Meeres verbunden sind.
- Sprühen Sie Feenessenz in Ihre Aura, um sich vor Schaden zu schützen und Ihre Schwingung auf die der *Feen* anzuheben!

Schlussbemerkung

Folgen Sie dem Feenpfad

Eine Feentür hat sich aufgetan,
ein Kichern bittet Sie herein.
Verzaubert werfen Sie einen Blick hinein
und folgen ihnen in den hohlen Raum.

Hier beginnt die wahre Magie, denn nun fangen die Feen an, Seiten Ihres Lebens mit ihrer eigenen leuchtenden Welt zu verweben.

Lassen Sie daher Stille zu, um die liebevollen Botschaften zu hören, die sie Ihnen senden wollen. Gehen Sie hinaus in die Natur und nehmen Sie die Schönheit um sich herum wahr.

Halten Sie inne, atmen Sie und verbinden Sie sich mit der inneren Feenwelt. Hier an diesem heiligen Ort werden Sie Ihr Gleichgewicht wiederfinden und die Welt mit neuen Feenaugen sehen.

Strecken Sie dann beide Hände nach Ihren Träumen aus. Greifen Sie nach den Sternen! Übernehmen Sie die Regie, während Sie von Feenenergie umgeben sind und sich ein magischer Pfad vor Ihnen auftut. Eine herrliche Welt der Freiheit und Magie wartet schon auf Sie.

Feenarbeit für die Umwelt

Zu den wichtigsten Feenaufgaben, die Sie vermutlich ausführen werden, zählt die Umwelt. Der Kundschafter der Feen ist ein Heiler, ein Berater, ein Botschafter der Naturgeister und ein Hüter unseres geliebten Planeten. Die Erde wird immer ungemütlicher und wir müssen ihre – und damit unsere – Zukunft sichern.

Alle Elemente sind betroffen:

- *Erde:* Wir beobachten eine ungewöhnlich hohe Anzahl von Erschütterungen und Erdbeben entlang der Spannungslinien. Pestizide, Dünger und andere Gifte verpesten das Land, und die Gnome müssen immer härter daran arbeiten, den Boden zu nähren und für ein gesundes und reichhaltiges Wachstum der Pflanzen und Ernten zu sorgen.
- *Luft:* Auch die Arbeit der Sylphen wird immer schwerer, da die Luft durch die wachsende Industrialisierung immer mehr verschmutzt.
- *Feuer:* Die Feuer der Sonne verursachen Ausbrüche, die Auswirkungen auf alle Schichten der Sonnenatmosphäre haben.
- *Wasser:* Die Ozeane sind mit Plastik und Giften verunreinigt, die die natürlichen Lebensräume zerstören und das Leben unter Wasser abtöten. Die Schiffe und der Boden, der bei Gewittern erodiert und Dünger sowie Pestizide mit sich bringt, verschmutzen die Meere. Achtzig Prozent der Meeresverschmutzung entstehen durch kleine Ursachen an Land, wie beispielsweise Klärgruben und Motorenöl.
- Die Feen zählen auf uns, ihnen jetzt bei ihren Aufgaben zu helfen:
- Wir können die Gnome unterstützen, indem wir Dinge recyclen, Müll aufheben und Gemüse, Pflanzen und Blumen ohne Kunstdünger kultivieren.
- Wir können den Sylphen helfen, indem wir uns unseren CO_2-Fußabdruck ansehen. Dazu gehören alle Arten von Geschäftsreisen. Wie viele unnötige Fahrten machen Sie mit dem Auto? Wir können auch helfen, indem wir göttliches weißes Licht visualisieren, das sich über den

Himmel verteilt und dabei Rauch, Smog und Dreck entfernt. Vergessen Sie nicht: Alles, was wir uns vorstellen, wird in der geistigen Welt ausgeführt, so dass es sich in unserer Welt umsetzen kann.

- Wir können die Salamander unterstützen, indem wir Solarplatten auf unseren Häuserdächern anbringen lassen, um die Treibhausgase zu bekämpfen und unsere kollektive Abhängigkeit von fossilen Brennstoffen zu verringern – so helfen wir auch den Elementalen der Erde!
- Wir können den Nixen helfen, indem wir Organisationen unterstützen, die die Meere saubermachen, wie zum Beispiel Oceana.org, und/oder indem wir uns saubere und reine Gewässer auf dem gesamten Globus vorstellen.

Die Energien auf unserem Planeten verändern sich und können nicht länger etwas unterstützen, was nicht der natürlichen Welt angepasst ist oder mit ihr harmoniert. Das ist der Grund, weshalb Gesellschaften, Länder und Unternehmen, die durch Lügen und kollektive Kontrolle fett geworden sind, sich im Augenblick mit so vielen Krisen konfrontiert sehen.

Die Wahrheit kommt jetzt ans Tageslicht, und die Feenmystik in Ihnen wacht auf.

Vergessen Sie nicht: Es ist Ihre Verantwortung, ein wenig Feenmagie in die Welt einzubringen, und den Anfang müssen wirklich *Sie* machen. Und was ist der beste Anfang?

Verzaubern Sie jeden Tag

Auch wenn Sie sich vielleicht berufen fühlen, wissen Sie womöglich gar nicht, was Sie jetzt tun sollen. Warum leben Sie nicht jeden Tag so, als würden Sie durch die Seiten eines Märchens wandeln oder in Ihrem eigenen Märchenfilm die Hauptrolle spielen?!

Magische Aktivitäten für jeden Tag

- Starten Sie den Tag mit einer Feenkarte aus einem Orakelkartendeck, um eine Botschaft zu erhalten, die Ihnen neue Einsichten vermittelt.
- Nehmen Sie ein Bad mit Meersalz.
- Legen Sie Kristalle oder Muscheln auf Ihre Chakrapunkte, um etwas Feenenergieheilung zu erhalten.
- Gehen Sie draußen in der Natur spazieren.
- Lehnen Sie sich an einen Baum oder umarmen Sie ihn.
- Sammeln Sie für die Feen den Müll ein.
- Wünschen Sie sich etwas.
- Hinterlassen Sie kleine Geschenke für die Feen.
- Blasen Sie mit dem Wind.
- Segnen Sie den Regen.
- Baden Sie in den warmen Sonnenstrahlen.
- Tanzen Sie barfuß im Gras.
- Machen Sie sich die Elemente, die Sie tagsüber nutzen, bewusst, und geben Sie den Elementalen, die so hart hinter der Bühne arbeiten, Anerkennung.

Vergessen Sie nicht, dass die Energien, die Sie ausströmen, von den Feen empfangen werden. Also teilen Sie Freude, Gelächter und Spaß mit ihnen; dann werden sie auch ihre Feenweisheiten mit Ihnen teilen.

Eine Tür hat sich aufgetan und Sie sind eingeladen, eine Welt zu betreten, die schon auf Sie wartet. Sie haben eine wichtige Lebensaufgabe und sind hier, um hell zu leuchten. Lassen Sie sich in Ihrem Glauben nicht erschüttern, denn es kann auf Ihrem Weg

Ablenkungen geben, doch jede einzelne dient dazu, Ihnen die Erfahrung zu vermitteln, die Ihre Seele für die Vollendung Ihrer Mission braucht.

Immer wenn die Sonne herauskommt, um Sie zu begrüßen, oder der Mond auf Sie herab leuchtet, wird sich ein neuer glitzernder Weg auftun und die Feen werden Sie dazu drängen, ihn zu gehen. Also gehen Sie ihn, erforschen Sie, untersuchen Sie, begeben Sie sich auf Abenteuer – und werden Sie zu der Magie, wie Sie wirklich sind.

Wenn Sie anfangen, mit Magie zu leben, wird die Magie Sie auch finden – und Sie zu sich selbst führen…

Glücklich bis in alle Ewigkeit
Sofort wach! Keine Zeit zu verschwenden.
Die Zukunft ruft, verspäte dich nicht.
Ein glitzernder Weg tut sich auf –
folge ihm, denn dein Schicksal ist besiegelt.
Suche, decke die Wahrheit auf,
sei frei und gehe auf dein Schicksal zu.

Mögen Sie immer mit den Feen fliegen.

Alles Liebe und der Segen der Feen,

Flavia Kate

Empfohlene Literatur

Wenn Sie die Magie weiter erforschen möchten, finden Sie hier Bücher und Zeitschriften, in denen einige der Themen, die in diesem Buch behandelt werden, zu finden sind:

Conway, D. J., *Die Zauberwelt der Kelten*, DTV, 2001

Zeitschrift über die Feenwelt: *FAE*, www.faemagazine.com

Zeitschrift über Meerjungfrauen & Mythologie: *Mermaids & Mythology*, www.themermaidmagazine.com

Über die Autorin

Flavia Kate Peters ist als »die Feenseherin« bekannt. Seit ihrer Kindheit kommuniziert sie mühelos mit den Naturgeistern. Flavia hat ihr Erbe als Hexe angetreten; ihr Wissen über Magie wurde ihr von ihrer Großmutter vermittelt. Sie wendet mit Überzeugung die Methoden des Feenhandwerks und der alten Traditionen an. Sie ist eine bekannte Mystikerin.und lehrt andere, wie sie mit dem elementalen Reich in Verbindung mit den Elementen, Jahreszeiten sowie Kerzen- und Kräutermagie zusammenarbeiten können. Flavia Kate unterrichtet als eingeführtes Mitglied der neuen Generation von Lehrern ihre professionellen Feen- und Engel-Zertifikationskurse am College of Psychic Studies (College Übersinnlicher Studien) in London und präsentiert regelmäßig im Zirkel Mind, Body, Spirit. Unter ihren Fernsehauftritten sind die Sendungen Celebrity Haunted Hotel und Lightworker's Guide to the Galaxy. Sie ist regelmäßig auf den Seiten der Zeitschriften *Spirit and Destiny*, *FAE* und *Witchcraft & Wicca* u. a. zu sehen und hat viele »magische« Bestseller geschrieben und Orakelkartendecks entworfen. Ihre Mission ist es, die Magie am Leben zu halten. Zu diesem Zweck leitet sie auch mit ihrer Magiekollegin Barbara Meiklejohn-Free einen Mystik-Laden in Buxton, England.

www.flaviakatepeters.com

Karin Leffer

Heilende Pflanzenweisheiten

48 Begegnungen mit heimischen Wald- und Wiesenpflanzen

48 Pflanzenwesen ermuntern uns, sich ihnen anzuvertrauen, denn ihre Weisheiten sind vielschichtig. Intuitiv gemalte Bilder vermitteln eine tiefergehende Botschaft. Der begleitende Text dazu gibt Hilfe bei alltäglichen Belastungen im körperlichen, geistigen und seelischen Bereich. Enthalten sind Informationen zur Nutzung als Heilpflanze, darunter spirituelle Botschaften zur Integration ins tägliche Leben, z.B. ihre Anwendung in der Homöopathie oder bei Räucherungen.
Mit diesem Buch kann deshalb jeder die tieferen und in der alltäglichen Wirklichkeit verborgenen Zusammenhänge zwischen sich und der Welt der Pflanzen erfassen.

263 Seiten, € 19,90 ISBN 978-3-946433-95-8

Sonja Spitteler

Zauberreise

Schamanische Tiermärchen für Groß und Klein

Lange vor uns haben Tiere die Erde bevölkert. Sie sind aus dem gleichen Stoff geschaffen wie wir, und tragen ein tiefes Wissen in sich, dessen Zauberkraft Sonja Spitteler in zwölf wunderschön illustrierten Geschichten, an uns weitergibt. Büffel, die Ihre Haut wechseln, Wale, die das ewige Lied der Weisheit singen, Rehe, die einen Pakt mit dem Wind schließen und prächtige Vögel, die Licht und Schatten in sich tragen, um an die Gesetze des Lebens zu erinnern. Es sind die Tiere, die den Blick für das Wesentliche öffnen.

160 Seiten, € 14,00 ISBN 978-3-946959-42-7